臨場感あふれる解説で、楽しみながら歴史を"体感"できる

日本史劇場

金谷 俊一郎 [著]

信長たちの野望

ベレ出版

本書は「信長の一代記」にあらず、戦国時代を俯瞰する書なり

　本書は巷にあふれる、いわゆる「信長の一代記」ではありません。

　「信長」というフィルターを核にすることで、全国に群雄割拠する戦国大名たちの「野望」を描き出し、その野望が、どのような形で実現し、また藻屑となっていくのかを描くことで、戦国時代全体を描き切ろうとしたものです。

　戦国時代が好きな人は本当に多いです。そのため、私のような者が、歴史を書いたり話したりすることで、ご飯を食べていけるわけです。

　戦国時代のことを好きな人の中には、私よりも戦国時代の様々なエピソードに詳しい人も大勢いらっしゃいます。いや、ホントスゴいです。

　しかし、こと「戦国時代の全体像について俯瞰して理解している人」というと、思いの外に少ないのも事実です。合戦のエピソードについては非常に詳しくても、

　「そのとき、別の地域では何が起こっていたのか？」とか、

　「それでは、このとき、なぜ、その武将が立ち上がったのか？」

とかいった部分について、はっきりと説明できる人は驚くほどに少ないのです。

　もちろん、これには、私たち歴史を伝える者の責任もあります。

　また、テレビや雑誌といったメディアでは、どうしても、感動的なエピソードや面白エピソードにばかり目がいってしまい、「歴史を俯瞰して理解する」という作業ができません。

　しかし、僭越ながら歴史を生業としている者からすると、

　「その俯瞰ができていれば、歴史って何倍も何十倍も面白くなるのにな～」

と思ってしまうのです。

そこで本書の登場です。

　本書では、徹底的に時系列にこだわりながら、戦国時代の全体像を理解できるよう、こだわりにこだわりぬいて書きました。

　予備校という浮き沈みの非常に激しい世界の中で、25年にわたって講師としてやってきた実績、それは「歴史の流れを、他の人よりも少しだけわかりやすく解説できたから」であると自負しています。その25年間の手法を、今回は大学受験のためではなく、歴史を楽しみたいすべての人のために、余すことなく公開していきます。

　歴史は立体的です。

　時系列という縦軸に、地域という横軸が複雑に絡み合って展開していきます。

　その縦軸と横軸が見えれば、歴史は非常に深みを増していくのです。

　本書は、神野正史先生の大ベストセラー『世界史劇場』シリーズの日本史版です。『世界史劇場』は、「てるてる君」という愛くるしいキャラクターで、取っつきにくい世界史を取っつきやすくすることで大ベストセラーになりました。

　本書では、なんとその神野正史先生の奥様でイラストレーターである、いのうえもえさんにイラストを描いていただきました。『世界史劇場』の執筆を横で支えた、いのうえもえさんだからこそできた『世界史劇場』の世界観を、この『日本史劇場』でも具現化させることが可能になりました。

　本書を通じて、信長を中心として「戦国時代の半分」が理解できます。残りの半分（信長と絡んでいない武将たち）は、実は豊臣秀吉を中心に描けば、すべて描くことができます。その続編も、おそらく何らかの形で皆さんにお届けできることでしょう。（「第2弾でやりたい…」（ボソッ））

　本書を読んで、戦国時代を「平面」でなく「立体」としてとらえることができれば、今後、大河ドラマや歴史小説、お城や史跡などを訪れたとき、もっと楽しくなるに違いありません。

なぜなら、本書を書いている私が、知らなかったときの何十倍も歴史を
楽しんでいるのですから。一人でも多くの人に、この楽しみが伝わること
を願ってやみません。

　　　　　　　　　　　　　　　　　　　　　金谷 俊一郎

本書に登場するおもな勢力

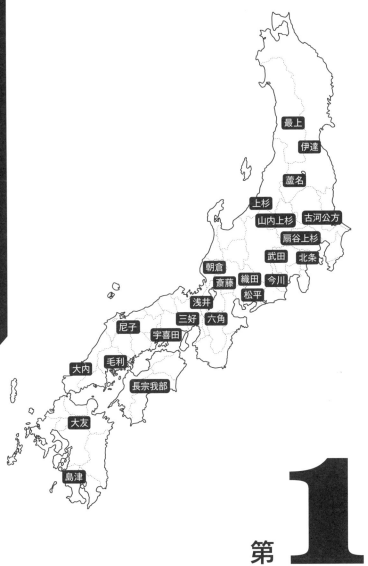

最上
伊達
蘆名
上杉
山内上杉　古河公方
扇谷上杉
武田　北条
朝倉
斎藤　織田　今川
浅井　松平
三好　六角
尼子
宇喜田
大内　毛利
長宗我部
大友
島津

第 1 幕

群雄割拠に現る

戦国大名たちの野望

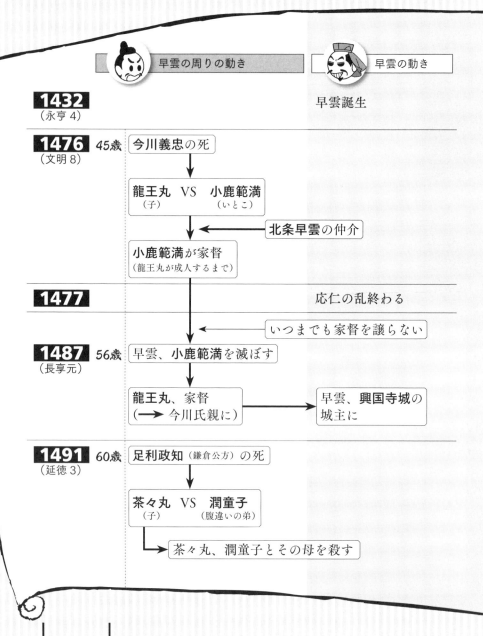

早雲の周りの動き　　　　早雲の動き

1432
（永亨4）　　　　　　　　　早雲誕生

1476 45歳　今川義忠の死
（文明8）
　　　　　　　　　↓
　　　　　龍王丸　VS　小鹿範満
　　　　　　（子）　　　　（いとこ）
　　　　　　　　　↓　←──　北条早雲の仲介
　　　　　小鹿範満が家督
　　　　　（龍王丸が成人するまで）

1477　　　　　　　　　　応仁の乱終わる

　　　　　　　↓　←──　いつまでも家督を譲らない
1487 56歳　早雲、小鹿範満を滅ぼす
（長享元）
　　　　　　　　　↓
　　　　　龍王丸、家督　　　──→　早雲、興国寺城の
　　　　　（──→ 今川氏親に）　　　城主に

1491 60歳　足利政知（鎌倉公方）の死
（延徳3）
　　　　　　　　　↓
　　　　　茶々丸　VS　潤童子
　　　　　　（子）　　　（腹違いの弟）
　　　　　　　└─→ 茶々丸、潤童子とその母を殺す

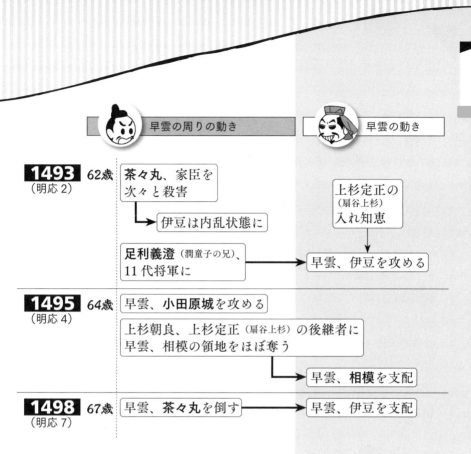

早雲の周りの動き	早雲の動き

1493（明応2）　62歳

茶々丸、家臣を次々と殺害

→ 伊豆は内乱状態に

足利義澄（潤童子の兄）、11代将軍に

上杉定正の（扇谷上杉）入れ知恵

→ 早雲、伊豆を攻める

1495（明応4）　64歳

早雲、**小田原城**を攻める

上杉朝良、上杉定正（扇谷上杉）の後継者に
早雲、相模の領地をほぼ奪う

→ 早雲、**相模**を支配

1498（明応7）　67歳

早雲、**茶々丸**を倒す ── → 早雲、伊豆を支配

11

時は、戦国、世は戦いの時代を迎えるのであった！

と、ドラマチックにはじめてみましたが、皆さん、ここで大きなギモンを持ちませんか。

　「そもそも、戦国時代、大名たちはなぜ戦いはじめたのか？」

　すると、皆さんの中からは次のような声が聞こえてきそうです。

　「それは、領土が欲しかったからだよ。そして、織田信長のように天下を取ろうと思った人もいたのだよ」

　そうです。その答えはまさしく正解です。しかし、ここで同時に、次のようなギモンも出てこないでしょうか。

　「それでは、戦国時代以前、なぜ大名は戦わなかったのか。戦国時代以前だって領土が欲しいに決まっているじゃないか。それなのに、どうして戦国時代になった途端に、みんなが戦いはじめたのか？」

　このギモンを解決するためには、なぜ戦国時代がはじまったのかを知る必要があります。

　応仁の乱がはじまるまでは、将軍の権力は絶対的なものでした。それでは、将軍というのは、そもそも何をする存在なのでしょうか。将軍とは、武士たちに対して、「ここの地域は、お前が支配してよい」と認めていた存在なのです。将軍は、有力な武士を**守護**（のちの**守護大名**）に任命して、その国の統治を認めるのです。

　将軍の権威が絶対的なときは、将軍が決めた守護大名を否定するような人は現れません。しかし、応仁の乱で、その状況は一変したのです。

　応仁の乱（応仁・文明の乱）は、1467（応仁元）年に起こった戦乱です。応仁の乱により、京都は焼け野原になりました。京都には今でも古い建造物や絵画がたくさん残っていますが、実は、応仁の乱以前のものはほとんど残っていません。これは、応仁の乱ですべて焼けてしまったからなのです。

　それほど応仁の乱は激しい戦乱でした。本来ならば、この戦乱を、将軍は平定しなければいけない立場にありました。しかし、将軍には、この戦

乱を平定する力がありませんでした。なぜなら、当時の将軍であった足利義政は、京都の東山という場所に引きこもって、政治から逃げてしまっていたからなのです。そのとき、足利義政が建てた別荘が、あの有名な銀閣です。

　さて、これだけでは、戦国時代が戦いの時代になった理由としては足りません。なぜ、戦国時代になったのか。その背景には、当時の守護大名の存在があったのです。

　守護大名は、将軍が「お前はこの国を統治せよ」といって任命した人でした。しかし、この頃、多くの守護大名は、将軍から任命された国に住まないで、京都に住んでいたのです。どうしてかというと、当時の守護大名、特に有力な守護大名は、室町幕府の重要な仕事も兼任していたため、京都にいたからなのです。

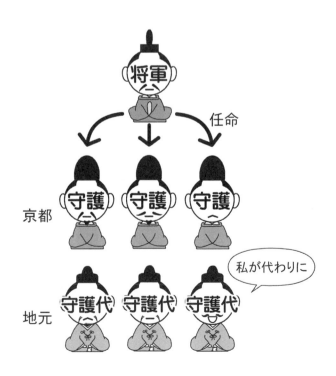

しかし、そのままでは地元がほったらかしになってしまいます。そこで、地元には**守護代**と呼ばれる自分の代理の人間を置いたのです。

　将軍の権威が絶大な時代は、守護代はおとなしく守護大名の言うとおりに仕事をしていました。しかし、将軍の権威が弱くなると、守護代の中には、

「事実上、俺がこの国を統治しているのに、なんで俺よりも守護大名の方がエラいんだよ！」

と思う守護代も出てくるのです。そういった守護代が、**下剋上**をします。守護大名を倒して、自らがその国の支配者になるのです。こうやって生まれた大名を**戦国大名**と言います。

　また、守護代の姿を見て、

「あんな弱っちい守護代、俺が倒してやる！」

と思う荒くれ者も出てきます。これが国人と呼ばれる、地元の有力者です。彼らは、守護代を倒して、守護大名が国内に入ってこれないようにして、その国を実効支配してしまうのです。そうやって名もなき国人たちが戦国大名になっていく場合もあります。

　このように、「自分こそがこの国の支配者にふさわしい」と思った人が、下剋上をして戦国大名になる時代を戦国時代と言います。

　戦国大名は、大きく分けると、

　１）守護大名がそのまま戦国大名になった大名

　２）下剋上して戦国大名になった大名

に分けることができます。守護大名がそのまま戦国大名になった例としては、武田氏（甲斐）、今川氏（駿河・遠江）、大友氏（豊後）、島津氏（薩摩）、大内氏（周防）などがいます。共通点は、「有力守護大名が統治するほど重要な地域じゃないけど、結構豊かな地域」です。そういう地域だと、守護代に任せっぱなしになることもなく、守護大名自らが統治をおこないます。また守護大名もある程度の経済力を持っているので、そのまま戦国大名になれる力があったというわけです。

　戦国大名の中心は、２）の「下剋上して戦国大名になった大名」です。誰が下剋上をするのかについては、先ほども軽く触れましたが、三つに分

けることができます。

1）守護代から戦国大名になった

例：朝倉氏（越前）、長尾氏（越後）、織田氏（尾張）、尼子氏（出雲）など

2）国人から戦国大名になった

例：毛利氏（安芸）・伊達氏（陸奥）・長宗我部氏（土佐）・浅井氏（近江）など

3）それ以外から戦国大名になった

例：北条早雲（伊豆・相模）・斎藤道三（美濃）など

1）の「守護代から戦国大名になった」大名の共通点は、「有力守護大名が支配する重要な都市のあった場所」となります。越前（現在の福井県）や越後（現在の新潟県）は日本海を使った交易で当時非常に栄えていた地域ですし、織田氏の尾張（現在の愛知県）は、西国と東国の要となる地域です。こういう地域は、有力な守護大名が統治することになるのですが、有力な守護大名は、京都に常駐することが多いため、結局、地元を守護代に任せっきりになって、守護代に下剋上されてしまうというわけです。

2）の「国人から戦国大名になった」大名の共通点は、「重要な都市が特にあるわけでもなく、あまり豊かでもないため、有力な守護大名が統治していない地域」です。重要でない地域には、有力守護大名は任命されません。有力守護大名がいないと、自動的に守護代も出てきません。また、重要な都市でないため、守護大名自身の力も弱いといえます。さらに別の場所からやってきてそこを奪うメリットもないため、自ずと、地元の有力者から戦国大名が生まれてくるということになるわけです。

3）の「それ以外から戦国大名になった」地域は少し特殊です。北条早雲が支配した関東は、もとは鎌倉幕府のあった地域で、室町時代になっても、鎌倉公方や関東管領といった室町幕府のトップが統治する重要な土地でした。また、斎藤道三の支配する美濃は、信長が京に上る上で是非とも攻略したいと思った地域で、交通の要です。ですから、この3）の戦国大名こそが本当に実力があって下剋上をおこなった大名といえそうです。斎

藤道三については、第3幕でお話ししますので、ここでは、北条早雲の下剋上の様子を追っていきましょう。

北条早雲の出自は謎に包まれています。ただし、守護大名や守護代、国人の出身でないことは確かです。では、彼はどのようにして、歴史の表舞台に登場していったのでしょうか？

それは、駿河の今川氏の家督争いにはじまるのです。

❖ 1476（文明8）年

応仁の乱がまさに終わろうとしている1476（文明8）年、駿河国の守護、今川氏の当主・今川義忠が亡くなります。

跡継ぎとなるべき子の龍王丸はまだ6歳。そのため、

「幼い龍王丸ではなく、義忠のいとこにあたる小鹿範満を次期当主にしよう」

という動きが起こりました。

しかし、これに対して、龍王丸の一派は、

「やはり、嫡男が家督を継ぐべきである」

と言って反発。とうとう内乱にまで発展しまうのです。

「このままでは、今川氏は内部崩壊してしまう」

そう誰もが危機感を抱いていました。

実は、この今川氏の危機を救ったのが北条早雲だったのです。

早雲の妹は亡き今川義忠の妻で、龍王丸のお母さんでもありました。そこで、早雲は駿河に出向き、

「内乱をやめて和睦するべきです。さもなくば、関東管領・上杉氏が、和睦を受け入れなかったほうを攻めると言っております」

と言うのです。実はこれ、大ウソです。

しかも、早雲はこの同じ大ウソを小鹿範満派と龍王丸派の双方に向かって言うのです。

しかも、このウソ、バレないんです。

　小鹿範満派も龍王丸派も、

「関東管領・上杉氏を敵にまわすのは良くない」

と考え、和睦に応じてしまったというわけです。

　和睦の結果、龍王丸が成人するまでのあいだ、小鹿範満が家督を代行す

るということに決まります。

❖ 1487（長享元）年

　しかしおよそ 10 年後。

　小鹿範満は、なんとこの約束を破ってしまうのです。龍王丸が大人になっ

たのに、小鹿範満は家督の座に居座ったまま。

「約束を守らぬとはけしからん！」

　1487（長享元）年、早雲は兵を集め、小鹿範満の館を焼き払い、小鹿範

満を滅ぼしてしまいます。

　龍王丸は無事家督を継承し、今川氏親を名乗ります。

　このとき、早雲は小鹿範満を滅ぼしたご褒美に、興国寺城（沼津市）を与えられ、一国の主となったわけです。

　さて、ここで疑問に思うのが、

　「城主になったとはいえ、駿河の一地域の城主にすぎない早雲が、どうして伊豆や相模の支配権を確立できたのか？」

ということでしょう。この背景には、当時関東の実権を握っていた鎌倉公方（その一派の堀越公方）内の対立がありました。

❖ 1491（延徳3）年

　当時、伊豆は堀越公方・足利政知が支配していました。その政知が1491（延徳3）年に亡くなります。政知には茶々丸という息子がいました。

　しかし、このとき、

　「茶々丸の腹違いの弟である潤童子に跡を継がせよう」

という動きが起こったのです。

　──俺こそが次期堀越公方だ！

　茶々丸は、なんと潤童子とその母を殺して、自力で次期堀越公方の地位を手に入れてしまったのです。

　しかし、この横車を押すような茶々丸のやり方に、潤童子を支持していた家臣たちは不満を抱きます。

❖ 1493（明応2）年

　しかも茶々丸は、家臣たちの不満を抑えつけるため、自らの意に沿わない家臣たちを次々と殺害してしまうのです。茶々丸に対する反発は頂点に達し、伊豆は内乱状態に陥ります。

　さらに茶々丸、家臣だけではなく、運にまで見放されてしまいます。同じ年、京都でクーデターが起こり、足利義澄が11代将軍になりますが、この足利義澄、実は殺された潤童子の兄だったのです。足利義澄の将軍就

任により、茶々丸は、

「将軍の弟を殺した人物」

というレッテルを貼られることになり、茶々丸の立場は最悪になってしまいます。

　まさに伊豆はガタガタ状態。

　このとき、茶々丸と対立関係にあった関東管領・扇谷上杉氏の上杉定正が、早雲の軍事力に目をつけ手引きします。

「早雲殿、今こそ、伊豆を攻めるチャンスですぞ」

　早雲と今川氏親は、

「今こそ伊豆攻略のチャンス」

とばかりに伊豆を攻めました。

　そのとき茶々丸方の軍勢は、伊豆にいませんでした。

茶々丸方の軍勢は、扇谷上杉氏と戦うために出陣してしまっていたのです。

　そう、上杉定正が、茶々丸方の軍勢を、伊豆からおびき出していたからです。

　おかげで、早雲はあっさりと伊豆を攻め落とすことができました。

　その後、茶々丸は甲斐国に逃げます。

　甲斐は当時、武田信玄の祖父にあたる武田信縄がいました。北条早雲はなんとしてでも、茶々丸を捕えようと考え、武田氏と争います。

　1498（明応7）年、武田氏との戦闘の末、早雲は、茶々丸を捕らえることに成功。ついに茶々丸を討ち取ったのです。

　さて、早雲の野望は伊豆にとどまりません。それは、

　「自らが、頼朝や北条氏のような関東の支配者になる」

ことでした。

　そこで早雲が次の標的にしたのは、大森藤頼の居城である小田原城でした。

❖ 1495（明応4）年

　1495（明応4）年、早雲は鹿狩りをするフリをして小田原城を攻めます。

　まったくの不意打ちです。

　早雲は牛にたいまつをつけて、まるで大軍が押しかけてきたように見せかけたため、当時の小田原城主であった大森氏は恐れをなしてしまい、小田原城はあっという間に陥落しました。

　しかもこの後、早雲は、自らを伊豆に手引きしてくれた扇谷上杉氏・上杉定正の後継者であった上杉朝良に対して、

　「亡きお父さまの恩がございますから、軍事協力をいたしましょう」

と言って相模国に軍を送ります。しかし、早雲はそのまま自らの軍を使って侵攻してしまうのです。早雲は軍事協力をするところか、扇谷上杉氏の所領をほとんど奪い取ってしまったのです。

まさしく、恩を仇で返すは、下克上の極み。

　そうして早雲は小田原を拠点として、伊豆・相模を支配する戦国大名へとのし上がっていったのです。

　このように、知略と運で、どんどんのし上がることができる時代、これが戦国時代なのです。

信長生誕

| 織田信秀の動き | 織田信長の動き |

| 平安時代中期 | 藤原利仁（越前）　織田氏の先祖 |

| 建武政権 | 斯波高経が越前の守護に → 織田氏、斯波氏の家臣に |

| 室町時代 | 斯波氏、越前・尾張・遠江の守護に → 織田氏、尾張の守護代に |

| **1510**（永正7） | **織田信秀、誕生**　織田信定（清洲三奉行）の長男 |

| **1527**（大永7） | 18歳 | 信秀、家督を継承 |

| **1532**（天文元） | 23歳 | 信秀、守護代の織田達勝と争う　信秀、今川氏豊の那古野城（名古屋市）を奪う |

| **1534**（天文3） | 25歳 | **信秀、古渡城（名古屋市）を築く** | **織田信長、誕生**　織田信秀の長男 |

| **1535**（天文4） | 26歳 | 松平清康（家康の祖父）が家臣に殺される | **信長（2歳）、那古野城の城主に** | 2歳 |
| | | 松平広忠、家督を継承 → **信秀、三河侵攻を開始** |

| **1540**（天文9） | 31歳 | **織田信秀と今川義元の対立** ← 信秀、安祥城（松平氏の城）を攻め落とす |

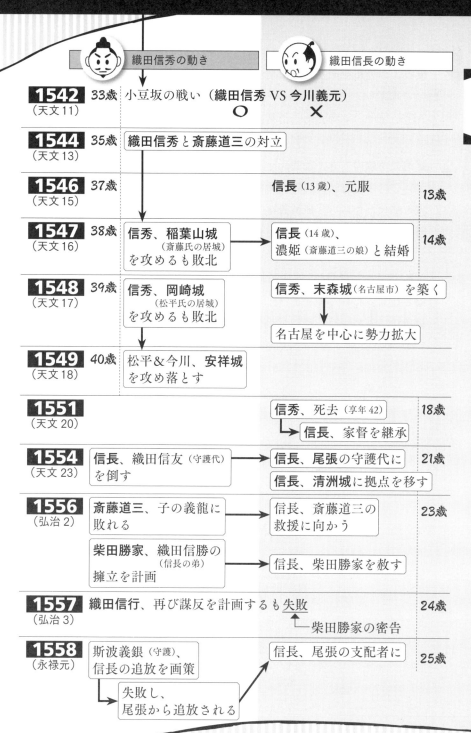

	織田信秀の動き	織田信長の動き	

1542（天文 11）　33歳　小豆坂の戦い（織田信秀 VS 今川義元）　〇　×

1544（天文 13）　35歳　織田信秀と斎藤道三の対立

1546（天文 15）　37歳　　信長（13歳）、元服　　13歳

1547（天文 16）　38歳　信秀、稲葉山城（斎藤氏の居城）を攻めるも敗北　→　信長（14歳）、濃姫（斎藤道三の娘）と結婚　14歳

1548（天文 17）　39歳　信秀、岡崎城（松平氏の居城）を攻めるも敗北　信秀、末森城（名古屋市）を築く　→　名古屋を中心に勢力拡大

1549（天文 18）　40歳　松平＆今川、安祥城を攻め落とす

1551（天文 20）　信秀、死去（享年 42）　→　信長、家督を継承　18歳

1554（天文 23）　信長、織田信友（守護代）を倒す　→　信長、尾張の守護代に　信長、清洲城に拠点を移す　21歳

1556（弘治 2）　斎藤道三、子の義龍に敗れる　→　信長、斎藤道三の救援に向かう　23歳
柴田勝家、織田信勝（信長の弟）の擁立を計画　→　信長、柴田勝家を赦す

1557（弘治 3）　織田信行、再び謀反を計画するも失敗　←　柴田勝家の密告　24歳

1558（永禄元）　斯波義銀（守護）、信長の追放を画策　信長、尾張の支配者に　25歳
失敗し、尾張から追放される

織田氏の先祖は平安時代中期にまでさかのぼることができます。越前国（えちぜん）（現在の福井県）で力を持っていた藤原利仁（としひと）という人物が、織田氏の先祖とされています。そのため、信長は自らを「藤原信長」と称することもありました。

　建武の新政のとき、足利氏一門の斯波高経（しばたかつね）という人が越前の守護になります。この頃から、織田氏は斯波氏の家臣となります。

　室町時代になると、斯波氏は、管領（かんれい）という将軍の補佐をおこなう重職に任命されるとともに、越前・尾張・遠江（とおとうみ）（おわり）の守護となります。そのような中で、織田氏は尾張の守護代となっていったのです。斯波氏は、管領の仕事で忙しくずっと京都にいましたから、結果的に、尾張国は織田氏に任せっぱなしになっていきます。

　織田氏の下剋上は、織田信長の父の織田信秀（のぶひで）からはじまりました。しか

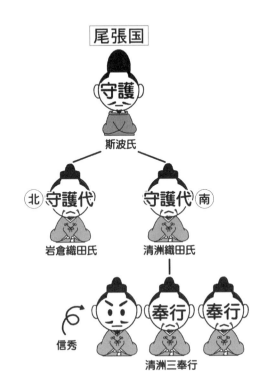

もこの織田信秀、もとはというと守護代ですらありませんでした。こう言うと、

「織田氏は守護代だって、今まで言ってきたではないか?」
といわれそうですが、このあたりの話を整理します。

尾張の守護は斯波氏です。斯波氏の守護代が織田氏となるわけですが、尾張国は重要な土地であったため、守護代一人では管理しきれませんでした。そこで尾張国を北部と南部に分けて、2人の守護代が管理することとなったのです。

尾張国の北部は織田氏の中の岩倉織田氏（織田伊勢守家）が守護代となり、尾張国の南部は清洲織田氏（織田大和守家）が守護代となりました。この清洲織田氏の配下にいた重臣に清洲三奉行というのがいました。織田信秀は、この清洲三奉行の一人、つまりは、「守護代の家臣」ということになります。

織田信秀は、1510（永正7）年、清洲三奉行の一人であった織田信定の長男として生まれました。守護代の家臣ですから、守護代ですらないというわけです。

1527（大永7）年18歳のとき、父から家督を譲られた信秀は、最初はおとなしくしていたのですが、1532（天文元）年頃から急に暴れはじめるのです。

ちょうど、その2年後の1534（天文3）年に織田信長が誕生するのですが、まるで信長の天下統一のお膳立てをするかのように、急に暴れはじめたのでした。

❖ 1532（天文元）年 【信秀23歳】

まずは1532（天文元）年、信秀は守護代の織田達勝と争います。守護代ってことは自分の主人です。なぜ自らの主人と争ったのかについては、詳細が残っていないのですが、信秀が主人に刃向かったことは間違いありませ

ん。

　この争いはまもなく和睦します。

　次に同じく 1532（天文元）年、信秀は、今川氏豊の居城である那古野城に狙いを定めます。これは現在の名古屋城のことです。この様子は『名古屋合戦記』などに詳しいので、その内容を見ていきましょう。

　今川氏豊は、駿河・遠江の戦国大名である今川氏親の末っ子でした。今川氏は風流を好む家柄として有名ですが、今川氏豊も連歌を非常に愛していました。

　信秀は、ここに目をつけます。

　信秀は那古野城で開催される連歌会に足繁く通うようになります。そのうち信秀は那古野城に何日も逗留するようになり、今川氏豊にすっかり信用されるようになりました。

　ある日、信秀は、

　「城の本丸に窓をつけてはどうか」

と今川氏豊に提案します。これを聞いた氏豊は、

　　──信秀は、夏風を楽しむために窓をつけたいのだろう。実に風流な男だ。

と感心し、城の本丸に窓をつけてしまったのです。

　しかし、これは信秀の策略でした。

　ある日、信秀は突然城内で倒れてしまいます。息も絶え絶えになった信秀は、

　「家臣に遺言をしたい。家臣を呼んでくれ」

と今川氏豊に頼み込みます。

　「信秀の最期の望みを聞いてやろう」

　今川氏豊は、信秀の家臣を城内に入れることを許します。

　しかし、信秀が倒れたのは、演技だったのです。

　その夜、信秀の家臣たちが城内に入ると、このあいだ開けた本丸の窓から城の外に潜んでいた仲間たちに合図をします。

すると、城の外の家臣たちは、雄叫びを上げ、城攻めをはじめたのです。それだけではありません。

その雄叫びと同時に城内に入った家臣たちは城に火を放ったのです。城の内外から同時に攻められ、那古野城はあっさりと陥落。今川氏豊は、信秀に命乞いをし、助けられて京に逃れます。

信秀は、この後も1534（天文3）年に古渡城（名古屋市中区）、1548（天文17）年に末森城（名古屋市千種区）を築いて名古屋を中心に勢力を拡大していきます。

一方で信秀は、三河の松平氏、駿河の今川氏、美濃の斎藤氏とも抗争をはじめます。このあたりは第2幕（松平氏、今川氏）、第3幕（斎藤氏）でも詳しくお話ししますが、ここでは信秀との接点についてお話しします。

❖1535（天文4）年　【信秀26歳】

1535（天文4）年、三河の戦国大名で、徳川家康の祖父にあたる松平清康が、突然家臣に殺されてしまうという事件が起こります。

この事件をきっかけに、三河は大混乱、松平氏は弱体化していきます。

「今こそ、三河を攻めるチャンス！」

信秀は、この混乱に乗じて三河を攻めはじめます。

❖1540（天文9）年　【信秀31歳】

5年後の1540（天文9）年には、松平氏の持つ三河国の安祥城（愛知県安城市）を攻め落とします。

これに危機感を抱いたのが、殺された松平清康の子・松平広忠。広忠は駿河の戦国大名であった今川氏を頼ります。

その際に、今川氏に忠誠を誓う証しとして、広忠の子でわずか6歳の竹千代（のちの徳川家康）を今川氏の人質として差し出すことを決めます。

ここから家康の長い人質生活がはじまるのです。

そして、このことは、織田氏と今川氏とのあいだの対立がはじまること

も意味しました。

❖ 1542（天文 11）年 【信秀 33 歳】

　1542（天文 11）年、今川義元は織田信秀の勢力を駆逐すべく、信秀のもとへと軍を進めます。一方の織田信秀の軍勢も安祥城を出発します。そして今川・織田の両軍は、岡崎城東南の小豆坂で激突します。

　この戦いは、小豆坂七本槍と呼ばれる織田方の勇士の活躍により、織田軍の勝利に終わったといわれています。（第一次小豆坂の戦い）

❖ 1544（天文 13）年 【信秀 35 歳】

　2 年後の 1544（天文 13）年、信秀は、美濃の斎藤道三と対立しはじめます。

斎藤道三は、守護の土岐頼芸を下剋上して美濃を支配した戦国大名でした。信秀は、この土岐頼芸を保護して斎藤道三と戦うのです。信秀は斎藤氏の大垣城を落城させ、その力を誇示していきます。

ところで、信秀の支配していた津島（愛知県津島市）と熱田（名古屋市熱田区）は当時、交易都市と栄えていました。そのため、信秀は莫大な経済力も有していました。この経済力を利用して、信秀は自らの権威をさらに高めていきます。

京都に上洛した信秀は、朝廷に莫大な献金をおこなうことで、守護代の家臣という身分でありながら従五位下に叙位されます。また、先述の三河国の安祥城を攻め落とした翌年の1541（天文10）年には、伊勢神宮の式年遷宮に対して莫大な寄付をおこない、その礼として朝廷より三河守に任じられました。こうすることで安祥城の支配について、朝廷からお墨付きをもらったわけです。

このように父の信秀が、守護代の家臣という立場でありながら、守護代や守護大名よりも権勢を振るっている中で、織田信長は織田家の後継者として、多感な少年時代を過ごすことができたのでした。

織田信長は、1534（天文3）年5月12日、織田信秀の嫡男として誕生します。幼名は吉法師。

母が信秀の正室であったことから、生まれたときから織田信秀の後継者とされた信長は、信秀が手に入れた那古野城の城主となりました。

このとき、信長わずか2歳。

しかし、幼少から青年期にかけての信長は、周りから「尾張の大うつけ」と呼ばれていました。信長が「うつけ」と呼ばれた理由は、その奇妙なファッションと、奇妙な行動でした。袖を切ったおかしな衣服を着て、町の若者たちを集めて信長の親衛隊を組織して街中をほっつき歩いていたといわれています。

しかし、このことは信長の聡明さの証しであるとも考えられます。袖を

切った服装は、行動のしやすさを追求した結果であり、身分にこだわらない親衛隊を組織したことは、父の家来ではない「本当に自らの手足となってくれる家臣」を育成しようとしていたのではないかとも考えられるのです。そのことは、あとに木下藤吉郎（のちの豊臣秀吉）をはじめとした優秀な家臣が次々と誕生したことからも想像できます。

　あるとき信長は、自らの主君にあたる守護代・清洲織田氏の支配する清洲城下に数騎で火を放つといった行動を起こします。これにはさすがの父・信秀も非常に驚いたといわれています。

　また、今川氏へ人質として護送される途中で、家臣の裏切りにより織田氏のもとに護送されてしまった竹千代（のちの徳川家康）と幼少期を過ごします。信長と竹千代が、この頃、どのように交流し、どのような会話をしたのかについての記録は、一切残っていませんが、ともに幼少期を過ごしたことは、のちの両者の固い盟約関係につながっているとも言えます。

❖ 1546 (天文 15) 年 【信長 13 歳、信秀 37 歳】

　このような少年期を過ごした信長は、1546（天文15）年に古渡城で元服します。しかし、これと時を同じくするように、父・信秀の勢いに陰りが出てくるのです。

❖ 1547 (天文 16) 年 【信長 14 歳、信秀 38 歳】

　まず1544（天文13）年、信秀は、美濃の斎藤道三の居城である稲葉山城を攻めますが、斎藤道三の反撃を受けて敗れます。

　その際、斎藤氏と和解するため、子の信長は斎藤道三の娘である帰蝶（濃姫）と政略結婚をすることとなりました。このとき、聖徳寺（愛知県一宮市）で信長と会見した斎藤道三は、

　　──信長は、うつけだうつけだといわれているが、まったくうつけではないではないか。実は、こいつ末恐ろしい男かもしれん。

と、信長の本性を見抜いたともいわれています。

　この政略結婚により美濃の斎藤氏を警戒する必要のなくなった信秀は、

東に勢力を伸ばそうとします。

❖ 1548（天文 17）年 【信長 15 歳、信秀 39 歳】

1548（天文 17）年、信秀は松平氏の居城である岡崎城を攻めますが、今川の援軍により敗退します。

❖ 1549（天文 18）年 【信長 16 歳、信秀 40 歳】

翌 1549（天文 18）年には、松平氏と今川氏が、安祥城を攻め落とします。この際、織田氏のもとにいた松平竹千代（のちの徳川家康）を解放するなどを条件に和睦しました。

❖ 1551（天文 20）年 【信長 18 歳、信秀 42 歳】

信秀の情勢が不利になる中、1551（天文 20）年 3 月 3 日、信秀は亡くなります。享年 42。

そして、嫡男である信長が後継者となるのです。このとき、信長 18 歳。

❖ 1554（天文 23）年 【信長 21 歳】

しかし、この信長の後継者就任に待ったをかけたのが、信長の主君にあたる守護代・清洲織田氏の織田信友でした。織田信友は、

「信長のようなうつけが家督を相続するなどもってのほか。家督は信長の弟である織田信行が相続するべきである」

と主張して信長と敵対します。

そして織田信友は、信長暗殺計画を企てるのです。信長は、若い頃、自分の城に火を放つようなことをした人物。そんな人間が家督を継ぐことに納得がいかなかったのです。

信長は絶体絶命のピンチとなりますが、この暗殺計画、なんと信長の耳に入ります。

織田信友の主君にあたる守護の斯波義統が、信長に密告したのです。斯波義統は、守護とはいってもまったく実権がありませんでした。そのため

織田信友の完全な操り人形となっていたのです。これに不満を持っていた斯波義統が、織田信友をつぶそうと信長に密告をしたのでした。

　しかし、話はスムーズにはいきません。

　斯波義統が信長に密告したことが、織田信友にバレてしまうのです。激怒した織田信友、斯波義統の嫡子である斯波義銀が従者を率いて川狩に出た隙に、なんと斯波義統を殺害してしまいます。このとき、息子が従者を連れて狩りに行ってしまったため、義統の周りには従者がほとんど残っ

ていませんでした。そのことを見計らった上での計画的な犯行です。

　父を殺された斯波義銀は、父同様に信長を頼ります。信長は、
「織田信友は、主君を殺した謀反人である」
という大義名分を立てて、織田信友のもとに押し入り、織田信友を殺害します。これにより守護代の清洲織田氏は滅びます。

　信長は、斯波義銀を守護に立てて、自らは清洲織田氏に代わって守護代となりました。このとき、信長は那古野城から清洲城へと本拠を移したのです。

❖ 1556（弘治2）年　【信長23歳】

　1556（弘治2）年、美濃の斎藤道三が、子の斎藤義龍と戦い、敗れてしまいます。斎藤道三の娘・濃姫を迎えて同盟関係にあった信長は、斎藤道三を救援するため美濃に出陣します。

　しかし信長、途中で斎藤義龍軍に苦戦します。そうこうしているうちに信長のもとに、
「斎藤道三が討ち死にした」
との知らせ。
　信長は退却することとなります。
「斎藤義龍ごときに苦戦するとは、信長はやはり"うつけ"なのではないか？」
　柴田勝家ら重臣たちは、信長の器量に疑問を持ちます。
　柴田勝家らは、信長を廃して聡明な弟・織田信行を擁立しようと計画して挙兵しますが敗北します。
　このとき信長は、織田信行・柴田勝家の軍を包囲しますが、土田御前の仲介により、信長は織田信行と柴田勝家を赦しました。土田御前は信長・信行の生母にあたる人物だったのです。

❖ 1557（弘治3）年　【信長24歳】

　しかし1557（弘治3）年、織田信行は再び謀反を企てます。しかしこの

謀反も事前に信長の耳に入ることとなります。

なぜ信長の耳に入ったのか。

前年の戦いで信長に逆らった柴田勝家が密告したのです。

信長は、病と称して織田信行を清洲城に誘い出し、そこで家臣に殺害させました。

柴田勝家は、この密告を契機に、信長の重臣として出世していき、最終的には信長の後継者の最有力候補にまで、のし上がっていくのです。

❖ 1558（永禄元）年 【信長 25 歳】

さらに信長は、翌 1558（永禄元）年には、尾張にもう一人いた守護代・岩倉織田家の織田信賢を浮野の戦いで破って追放します。

その後、信長が新たに守護として擁立した斯波義銀が、信長の追放を画策していることが発覚します。

「俺が守護にしてやったのに！」

怒った信長は、斯波義銀を尾張から追放しました。

❖ 1559（永禄 2）年 【信長 26 歳】

清洲守護代の地位を手に入れ、守護も追い出し、その他の守護代も倒した信長。

信長は、1559（永禄 2）年までに、尾張国の支配権を確立し、尾張の国主となりました。

弱冠 26 歳にして、自らの力で尾張国の支配者にのし上がっていった信長は、いよいよ新たな「野望」に乗り出していくのです。

本幕に登場するおもな地域

駿河
三河 遠江

└─ 桶狭間の戦い

第 **2** 幕

今こそ奇襲せよ！

義元の野望

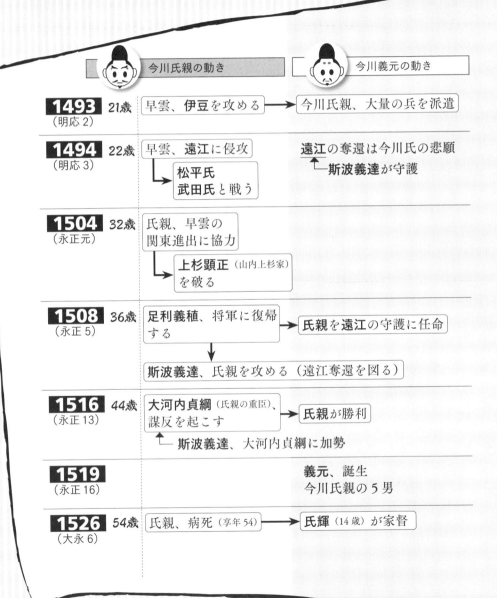

	今川氏親の動き		今川義元の動き

1493
（明応 2）　21歳

早雲、伊豆を攻める　→　今川氏親、大量の兵を派遣

1494
（明応 3）　22歳

早雲、遠江に侵攻
　→　松平氏
　　武田氏と戦う

遠江の奪還は今川氏の悲願
　└─斯波義達が守護

1504
（永正元）　32歳

氏親、早雲の
関東進出に協力
　→　上杉顕正（山内上杉家）
　　を破る

1508
（永正 5）　36歳

足利義稙、将軍に復帰
する　→　氏親を遠江の守護に任命
　↓
斯波義達、氏親を攻める（遠江奪還を図る）

1516
（永正 13）　44歳

大河内貞綱（氏親の重臣）、
謀反を起こす　→　氏親が勝利
　└─斯波義達、大河内貞綱に加勢

1519
（永正 16）

義元、誕生
今川氏親の 5 男

1526
（大永 6）　54歳

氏親、病死（享年 54）　→　氏輝（14 歳）が家督

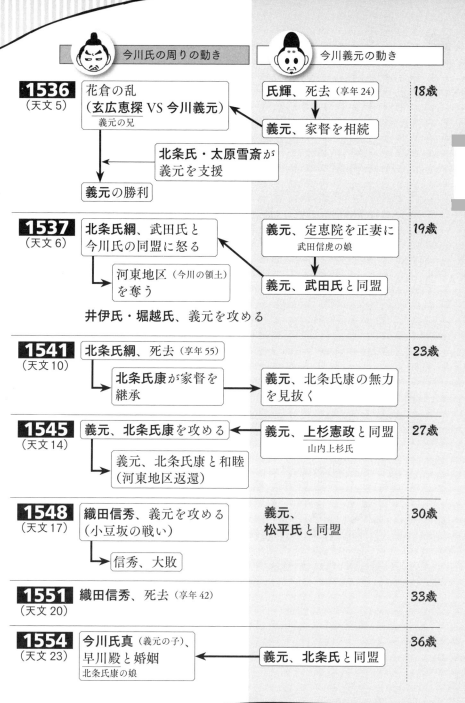

	今川氏の周りの動き	今川義元の動き	
1536 （天文5）	花倉の乱 （**玄広恵探** VS **今川義元**） 義元の兄	氏輝、死去（享年24）	18歳
		義元、家督を相続	
	北条氏・太原雪斎が 義元を支援		
	義元の勝利		
1537 （天文6）	北条氏綱、武田氏と 今川氏の同盟に怒る	義元、定恵院を正妻に 武田信虎の娘	19歳
	河東地区（今川の領土） を奪う	義元、武田氏と同盟	
	井伊氏・堀越氏、義元を攻める		
1541 （天文10）	北条氏綱、死去（享年55）		23歳
	北条氏康が家督を 継承	義元、北条氏康の無力 を見抜く	
1545 （天文14）	義元、北条氏康を攻める	義元、上杉憲政と同盟 山内上杉氏	27歳
	義元、北条氏康と和睦 （河東地区返還）		
1548 （天文17）	織田信秀、義元を攻める （小豆坂の戦い）	義元、 松平氏と同盟	30歳
	信秀、大敗		
1551 （天文20）	織田信秀、死去（享年42）		33歳
1554 （天文23）	今川氏真（義元の子）、 早川殿と婚姻 北条氏康の娘	義元、北条氏と同盟	36歳

第2幕 今こそ奇襲せよ！

今川義元。

この名前を聞いてどんな人を連想するでしょうか？

「織田信長に最初に負けた人」

「お歯黒とかして、なよなよした人」

このような弱っちい戦国大名のイメージしかないかもしれません。

しかし、今川氏といえば、駿河・遠江（静岡県西部）という、京と鎌倉を結ぶ重要な地を長年支配していた大名です。

ただの腰抜けと思われては非常に困ります。

ここでは、今川氏の歴史を振り返りながら、今川氏という大名が、戦国時代においてどのようなポジションであったのか、そして、今川氏は何を目指そうとしていたのかについて、探っていきましょう。

今川氏というと、東海地方を支配していた一戦国大名にすぎないと思われている方がいるかもしれませんが、実は、今川氏というのは、メチャクチャ偉い、高貴な大名なのです。

室町幕府といえば、細川氏、斯波氏、畠山氏といった管領家（将軍の補佐をおこなう）や、山名氏、京極氏、赤松氏、一色氏といった四職（侍

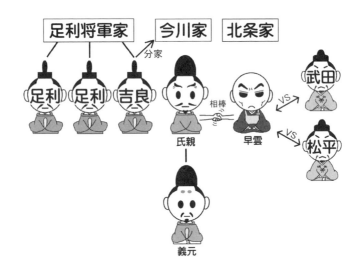

所所司のこと。京都の治安を守る）の家柄が偉いように思われるかもしれません。実際に、室町時代の政治で教科書に登場するのもこれらの人たちばかりです。

　しかし、今川氏は、これらの大名よりももっと偉い立場にいたのです。

　今川氏は、足利将軍家の親族であった吉良家の分家にあたりました。

　「御所（足利将軍家）が絶えなば吉良が継ぎ、吉良が絶えなば今川が継ぐ」という言葉があります。

　「もし、足利将軍家の血統が絶えれば、吉良家が将軍となり、吉良家の血統も絶えれば、今川家が将軍となる」

という意味です。仮に、室町幕府が500年とか600年とか続いていれば、回り回って今川氏が将軍になったという可能性も十分にあったというわけです。ちなみに吉良氏は、江戸時代の忠臣蔵で登場する吉良上野介の祖先です。

　室町時代に活躍した細川氏や斯波氏といった管領家や、山名氏や赤松氏といった侍所所司の家は、あくまでも足利氏の家来衆にすぎません。逆立ちしたって将軍にはなれません。今川氏は、ごく少ない可能性とはいえ、将軍になれるかもしれない貴種だったというわけなのです。

　しかも、室町時代中期以降、今川氏は、室町幕府から副将軍を名乗ることを許されました。昔、時代劇の「水戸黄門」で、

　「天下の副将軍、水戸光圀公にあらせられるぞ！」

と言って、みんながひれ伏しましたが、あれと同じ立場にあったということです。

　さらに、室町時代の半ばに登場した今川範忠という人物は、永享の乱という戦いで手柄を立てたということで、将軍家から「天下一苗字」という待遇を受けました。これは、

　「今川の苗字は、今川範忠とその子孫しか名乗ることはできない」

というものです。この結果、今川氏を名乗ることができるのは自分たちだけとなったわけです。こうして、今川氏はドンドンとプライドを高めていき、皆さんの知っているような、まるで貴族のような戦国大名になっていっ

たのです。

❖義元の父、今川氏親

今川氏が戦国大名として歴史の表舞台に颯爽と登場するのは、今川義元の父である今川氏親のときです。今川氏親は、第1幕で登場した北条早雲が、今川氏の家督に就けた、あの「龍王丸」のことです。

今川氏親が戦国大名にのし上がった背景には、北条早雲と今川氏親のいわゆる「相棒」関係がありました。

氏親は、

「自分が家督を相続できたのは北条早雲のおかげ」

ということで、北条早雲を支援します。一方の北条早雲は、氏親のお母さん（北川殿）の兄、つまりは氏親の叔父という立場から氏親を応援します。

❖ 1493（明応2）年

1493（明応2）年、北条早雲が11代将軍足利義澄の異母兄にあたる茶々丸を倒して伊豆を手に入れたときも、氏親は大量の兵を貸すことで北条早雲を支援しました。

一方、氏親の狙いは遠江（静岡県西部）でした。遠江の地ではもともと今川氏が守護に就いていたのですが、今川氏の力が弱くなったときに管領家の斯波氏に奪われてしまっていたのです。遠江の地の奪還は、今川氏の悲願でした。しかも、氏親の父である今川義忠も遠江奪還を試みましたが、戦いの途中で亡くなってしまいます。

――父の無念を晴らしたい。

氏親はこう思いを強くしたのです。

❖ 1494（明応3）年

まず遠江に侵攻したのは、「相棒」である北条早雲でした。伊豆を手に入れた翌年の1494（明応3）年より侵攻をはじめ、遠江中部まで勢力下に

収めます。北条早雲は、三河の守護である松平氏（のちの徳川氏）や、甲斐の守護である武田氏とも戦いました。このとき、北条早雲が戦ったのが松平長親と武田信縄でした。松平長親は、あの徳川家康の高祖父（ひいひいおじいちゃん）、武田信縄は武田信玄の祖父。

　つまり北条氏は、当時、武田氏、松平氏と敵対関係にあったわけです。

❖ 1504（永正元）年

　氏親も、ただ北条早雲に助けられてばかりではありません。氏親は、北条早雲の関東進出に協力します。まずは、鎌倉のナンバー2であった関東管領上杉氏を攻め、1504（永正元）年には山内上杉氏の上杉顕定を破ります。この結果、山内上杉氏の力は弱体化し、上杉顕定の孫の上杉憲政のとき、ついに守護代の長尾景虎に家督を譲るまでになってしまうのです。この長尾景虎こそ「越後の龍」である上杉謙信です。

❖ 1508（永正5）年

　ところで氏親の遠江奪還の転機となるのが、1508（永正5）年の足利義稙の将軍復帰でした。ここから少しばかり、足利義稙という人物についてお話ししていきます。

　足利義稙は、1490（延徳2）年、10代将軍になりましたが、5年後の1495（明応4）年、京都を留守にしていた隙にクーデターを起こされ、将軍職を追われてしまいます。その結果、従兄弟の足利義澄が11代将軍となりました。その後、足利義稙はおよそ13年半の逃亡生活を送りますが、その間ずっと、11代将軍足利義澄に命を狙われる日々が続きます。

　しかし、1507（永正4）年に転機が訪れます。足利義澄を11代将軍に擁立して室町幕府を牛耳っていた細川政元が暗殺されるのです。この事件に目をつけたのが、周防（山口県）の大名である大内義興です。大内義興は、

　「足利義稙を再び将軍に就けよう！」

と叫んで京都に攻め上りました。その結果、翌1508（永正5）年、11代将軍

足利義澄は敗走。足利義稙は、再び将軍に返り咲くことに成功するのです。

　氏親は、早くから、

「足利義稙を将軍にするべきだ」

と唱え続けていました。これを耳にしていた足利義稙は、将軍に返り咲くと早速、

「氏親は、忠誠心が非常に強いので、遠江の守護に任じよう」

と言いました。氏親はこうして遠江支配の大義名分を与えられたのです。しかし、黙っていなかったのが、以前、遠江を今川氏から奪った斯波義達です。斯波義達は遠江奪還を図って、氏親を攻めます。しかし遠江奪還は、なかなかうまくいきません。

　そんなときに、今川氏内部で裏切りが起こるのです。

❖1516（永正13）年

　1516（永正13）年、今川氏の重臣で引馬城（現在の浜松城）にいた大河内貞綱が今川氏に背いたのです。

　――これはチャンス！

と、斯波義達は考えます。大河内貞綱に、

「俺と組んで、一気に今川氏を倒してしまおう」

と持ちかけるのです。重臣の謀反に以前の支配者が加わるという、まさしく下剋上を絵に描いたような事件が起こります。氏親、絶体絶命のピンチ。

　このとき、氏親を救ったのが、なんと「金山の坑夫たち」だったのです。氏親は、大河内貞綱のいる引馬城を包囲すると、すかさず近くの金山の坑夫たちを集め、このように命じました。

「城の周りに坑道を掘れ！」

　いや、浜松に鉱山はないでしょ！　みたいな感じですが、坑夫たちは普段から氏親に世話になっていたため、氏親の言ったとおりに坑道を掘り始めました。するとどうでしょう。引馬城の城内にあった井戸がみるみる涸

れはじめたのです。

　実は、坑道を掘るというのは建前で、本当の目的は、地中に穴を掘ることによって、地下水の流れを変え、引馬城にある井戸を涸れさせることだったのです。

　井戸が涸れては籠城できないということで、引馬城は降伏。大河内貞綱は討ち死にし、斯波義達は出家して尾張に送り返されました。これで、遠江をめぐるいざこざは収束したわけです。

　先ほど登場した坑夫たちですが、彼らは氏親が開発した安倍金山（静岡市葵区）の坑夫たちでした。安倍金山の金はこの後、今川氏の重要な経済基盤となっていきます。

　また氏親は、公家の中御門宣胤の娘を妻とします。この結婚がきっかけで、駿河に公家文化が入ってくることとなりました。

　金山の財力と京から入ってきた公家文化が合わさり、今川氏の城下町である府中（駿府、静岡市）は、

　「ここは、都ではないか」

と見まがうほどに栄えていくのです。

❖1526（大永6）年

　そのような中、氏親は、病に倒れ寝たきりになってしまいます。

　死期を悟った氏親は、4月、『今川仮名目録』という分国法を作ります。子の氏輝はまだ14歳で成人していませんでした。

　「自分が死んで今川氏輝の代になったとき家臣同士が争わないように」

という思いでまとめたのでした。

　そして、6月23日、今川氏親は駿府の今川館で息を引き取ります。氏親の葬儀は、僧侶を7000名も招いて盛大におこなわれました。

　今川氏の家督は、今川氏輝が継ぐこととなります。

　さて、ここで気になった方もいると思います。

「氏親の子は、今川氏輝ではなく今川義元なのでは？」

　もちろん義元は氏親の子です。しかし、氏親の嫡男は今川義元ではなく今川氏輝だったのです。義元は、嫡男でないどころか、氏親の5男でした。

「5男の義元が、今川氏の家督を継ぐことはなかろう」

ということで、義元はわずか4歳で仏門に出されました。

　それでは、その義元がなぜ今川家の当主となれたのでしょうか。

　1526（大永6）年、今川氏親が亡くなると、嫡男である今川氏輝が家督を継ぎます。しかし、今川氏輝は病弱であったため、戦国大名としてほとんど何もできませんでした。

❖1536（天文5）年　【義元18歳】

　そのような中、1536（天文5）年、今川氏輝は、和歌の会のため小田原に向かう途中急死してしまいます。享年24。しかも、同じ日に義元のもう一人の兄である彦五郎も亡くなってしまうのです。義元には、他にも兄がいましたが、いずれも正妻の子ではなかったため、

「次期当主は、正妻の子である5男の義元に！」

という声が上がります。そうして、義元は急遽、僧侶を辞めて家督を相続することになったのです。

　しかし、これに異を唱えたのが、義元の異母兄の玄広恵探でした。

「俺はたしかに正妻の子じゃない。でも、俺のほうが年上だ。4歳の頃から坊主をやっていた人間なんかに、今川氏の家督が継承できるものか！」

と、反旗を翻すのです。これを花倉の乱と言います。

　最初は、玄広恵探が優勢でした。

　しかし、この義元の劣勢をくつがえすできごとが起こったのです。

　軍師として名高い太原雪斎が義元側についたのです。

　しかも、太原雪斎の動きに呼応するかのように、あの北条氏が義元の支援を表明するのです。

　その結果、形成は逆転。花倉城は陥落し、玄広恵探は自害。義元が家督

を継ぐこととなりました。

　家督に就いた義元ですが、当時の政治状況を見て驚きます。
　——兄・氏輝は、戦国大名として何もしていないではないか……
　兄・氏輝の先延ばし政策のせいで、今川氏と甲斐国の武田氏の関係は最
悪のものとなっていたのです。

❖ 1537 (天文 6) 年 【義元 19 歳】

　そこで義元は、武田信虎（信玄の父）の娘である定恵院を正室に迎えます。
武田氏と政略結婚し、同盟関係を結ぶことで、武田氏との関係を修復しよ
うとしたのです。
　しかし、これに怒ったのが小田原の北条氏綱です。今川氏と北条氏は、
父の代からの「相棒」同志。花倉の乱の勝利も北条氏が味方についたこと
が大きいのです。しかも、北条氏と武田氏は対立関係にあったのです。つ
まり、今川氏は北条氏の手前、武田氏とは仲良くすべきではないのです。
　「なんで、よりにもよって武田氏なんかと同盟を結ぶのだ！」
と、北条氏綱はカンカン。怒った北条氏綱は、河東（静岡県東部）に侵攻し、
今川氏の領土である河東地区を奪ってしまいました。
　それだけではありません。遠江には、花倉の乱で玄広恵探側に味方した
井伊氏、堀越氏がいました。彼らは、義元から完全に離反し、西から義元
を攻めます。
　つまりは、義元は東（北条氏綱）と西（井伊氏、堀越氏）から挟み撃ちに
されてしまったのです。
　ちなみにこの井伊氏は、大河ドラマ「おんな城主 直虎」の主人公の領
国である、遠江井伊谷の井伊氏です。このときの井伊谷城主は井伊直盛。
井伊直虎の父。
　しかし、そんな義元にも転機は訪れます。

❖ 1541（天文10）年 【義元23歳】

1541（天文10）年、北条氏綱が亡くなるのです。家督は子の北条氏康が継ぎます。

──北条氏康には、父・氏綱ほど力がないぞ。

義元は、北条氏康の無力を見抜きます。

❖ 1545（天文14）年 【義元27歳】

1545（天文14）年、義元は反撃に出ます。

義元は、北条氏と対立していた山内上杉家の上杉憲政と同盟を組むのです。上杉氏は関東管領、つまりは関東のナンバー2の地位にいた名門。その上杉氏と手を組むことで、同盟関係にあった武田氏とともに北条氏康に対する包囲網を築くわけです。

8月22日、義元は動き出します。義元は武田氏の援軍を率いて河東に侵攻。

新たに同盟を組んだ上杉憲政も、もちろん義元に味方します。同日、8万の軍勢で河越城（埼玉県川越市）を包囲します。

つまりは、北条氏を東（上杉憲政）と西（今川義元）から挟み撃ちにしたということです。これは、先ほどの東（北条氏綱）と西（井伊氏、堀越氏）の挟み撃ちよりも強力です、なにせ関東管領の上杉氏と最強の戦国大名である武田氏による挟み撃ちなのですから。

慌てふためく北条氏康は、

「河東の地を義元に返すから、和睦しよう」

と言って、義元と和睦します。

北条氏が義元と和睦すると、井伊氏、堀越氏も、相次いで今川氏に従属しました。

❖ 1548（天文17）年 【義元30歳】

その後、義元は、三河の松平氏（のちの徳川氏）と同盟を結びます。

しかしこれを快く思わなかった信長の父の織田信秀が割り込んできます。1548（天文17）年の第二次小豆坂の戦いです。この戦いについては、次の第2場で詳しくお話ししますが、義元は織田の軍勢を総崩れになるまで追い込みました。

❖1554（天文23）年　【義元36歳】

　甲斐の武田氏、三河の松平氏と同盟を組んだ義元は、対立していた北条氏との同盟関係に乗り出します。

　今川氏と北条氏は、もともと「相棒」同志、ということで、義元は、北条氏康との和解を申し出るのです。

　1554（天文23）年、義元の嫡子である今川氏真と、北条氏康の娘である早川殿との政略結婚が実現します。これによって、

　　今川義元の妻　　　→武田氏の娘
　　子の今川氏真の妻　→北条氏の娘

ということになり、ここに、武田・北条・今川の甲相駿三国同盟が完成することとなったのです。

　三国同盟が完成した今川氏。背後から攻められる可能性がなくなります。しかも三河の松平氏とも同盟関係。これにより、信長との抗争に全力を傾けられることになりました。

　しかも、この頃の尾張国は、3年前の1551（天文20）年に織田信秀が亡くなり、信長が家督を相続したものの、信長と弟の織田信行のあいだで内紛が起こり国内はボロボロの状態でした。

　「信長になった今、織田氏を叩きつぶすには絶好のチャンス！」

　今川義元は、小豆坂の戦いで織田の軍勢を完膚なきまでに叩きのめしたほどの実力者。しかも、武田氏・北条氏との三国同盟の締結にも成功しました。

　「海道一の弓取り」とも呼ばれた今川義元と、尾張の弱小大名で、初陣にも近い「うつけ」者の織田信長。

　両者の優劣は誰の目から見ても明らかな「はず」でした。

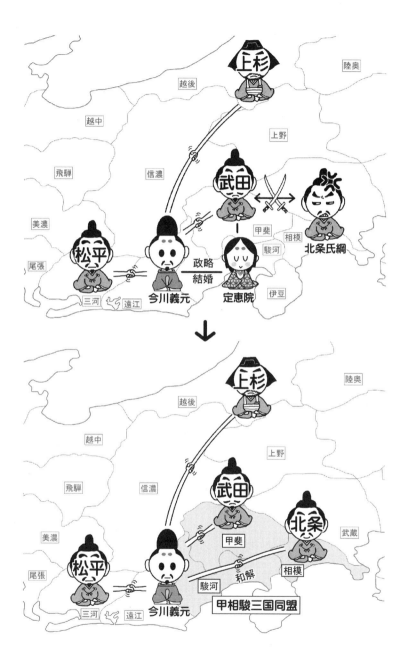

家康の野望

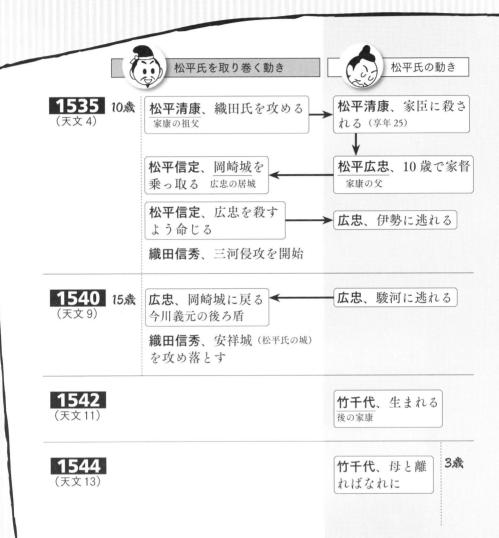

松平氏を取り巻く動き	松平氏の動き
1535（天文4）10歳	
松平清康、織田氏を攻める 家康の祖父	松平清康、家臣に殺される（享年25）
松平信定、岡崎城を乗っ取る　広忠の居城	松平広忠、10歳で家督 家康の父
松平信定、広忠を殺すよう命じる	広忠、伊勢に逃れる
織田信秀、三河侵攻を開始	
1540（天文9）15歳	
広忠、岡崎城に戻る 今川義元の後ろ盾	広忠、駿河に逃れる
織田信秀、安祥城（松平氏の城）を攻め落とす	
1542（天文11）	竹千代、生まれる 後の家康
1544（天文13）	竹千代、母と離ればなれに　3歳

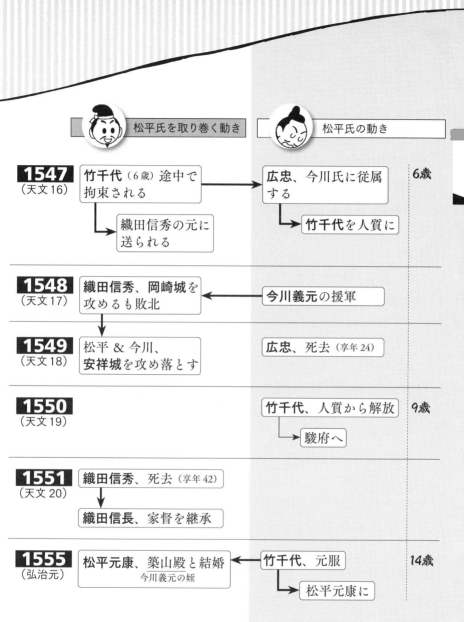

松平氏を取り巻く動き	松平氏の動き	
1547 (天文16)	竹千代（6歳）途中で拘束される →織田信秀の元に送られる	広忠、今川氏に従属する →竹千代を人質に	6歳
1548 (天文17)	織田信秀、岡崎城を攻めるも敗北 ←	今川義元の援軍	
1549 (天文18)	松平＆今川、安祥城を攻め落とす	広忠、死去（享年24）	
1550 (天文19)		竹千代、人質から解放 →駿府へ	9歳
1551 (天文20)	織田信秀、死去（享年42） ↓ 織田信長、家督を継承		
1555 (弘治元)	松平元康、築山殿と結婚 今川義元の姪 ←	竹千代、元服 →松平元康に	14歳

松平家康、のちの徳川家康が生まれた三河の地は、

・東には「海道一の弓取り」として知られた駿河の今川義元
・北西には「美濃のマムシ」と恐れられた斎藤道三
・北東には「甲斐の虎」として戦国の世を馳せた武田信玄

　そして西には、飛ぶ鳥を落とす勢いの織田信長がせめぎ合う、まさしく戦国時代の縮図ともいえる場所の中心に位置していました。

　家康はそのような中で、最終的に天下人となっていくのです。

　それでは家康が生まれた松平家は、どのように戦国の世を生き抜いたのか、そして家康の生い立ちは、どのようなものだったのかについて見ていきましょう。

　第1幕第2場の「信長生誕」や、第2幕第1場の「義元の野望」でもたびたび登場していますので、そのあたりの内容を振り返りながらお話ししていきます。

　家康の生まれた松平家は、三河国加茂郡（愛知県豊田市）にいた小豪族でした。この松平氏、もともと守護だったわけではありません。それでは、この松平氏がどのようにして戦国大名になったのか。その背景には三河における内乱がありました。

　三河の守護は一色氏でした。一色氏は、侍所所司という室町幕府の重職に任じられ、幕府の有力家臣として台頭していきます。しかし、

　「このままでは、一色氏が幕府を脅かす存在となる」

と警戒した幕府は、突然、管領である細川氏を三河の守護に任命したのです。

　守護の職を外された一色氏は怒り出し、三河国は内戦状態になります。この内戦に乗じて力を伸ばしたのが、北三河の小豪族であった松平氏だったわけです。

　松平氏は、着実に勢力を伸ばし、松平長親の時代には戦国大名にまで成長します。松平長親といえば、今川氏親の「相棒」である北条早雲が戦っ

た相手で（→ P.41）、徳川家康の高祖父です。ただこの後、松平氏は一族の内紛に翻弄されることになります。

❖1535（天文4）年　【広忠10歳】

　家康の祖父の松平清康は、三河全域をほぼ平定しますが、それも束の間、1535（天文4）年、尾張の織田氏を攻めている途中、突然家臣に斬りつけられて即死してしまいます。享年25。

　これは、叔父の松平信定が仕組んだものでした。

　「わしは、過去にあの松平清康に罵倒された。あの若造！　許さん！」と恨みをもって策略したものといわれています。

　松平清康の死後、わずか10歳で家督を継ぐのが、家康の父の松平広忠です。この幼い広忠に、いきなり試練が襲いかかります。父の松平清康を死に追いやった松平信定が、広忠のいる岡崎を横取りして、家臣にこう命じるのです。

　「広忠を殺せ」

　広忠は、命からがら伊勢国（三重県）に逃れます。そして伊勢の地で元服します。

　しかし追っ手は容赦しません。広忠は、そのうち伊勢にもいられなくなり三河の地を転々します。

❖1540（天文9）年　【広忠15歳】

　そして、最後に行きついたのが駿河国（静岡県東部）でした。1540（天文9）年のことです。

　駿河には、4年前に家督を継承した今川義元がいました。この頃の今川義元は、ちょうど武田信虎（信玄の父）の娘と結婚して、北条氏の怒りを買っていた頃でした。さらに西の遠江には、今川氏に反発する堀越氏、井伊氏がいました。

　つまり、東（北条氏）と西（堀越氏、井伊氏）で挟み撃ちに遭っている状態だっ

たのです。

　今川義元は考えます。

　──この劣勢を挽回するためには三河の松平氏を取り込むしか方法はな
　　　い。ちょうど三河を転々としている松平広忠がいる。あいつを取り
　　　込もう。

　そこで今川義元は、広忠を岡崎城に戻そうと考えます。広忠を殺そうと
していた松平信定も2年前に亡くなっていたこともあり、広忠は、今川義
元の後ろ盾で岡崎城に戻ることに成功します。

　このとき、広忠まだ15歳。広忠も、我が子である家康並みに波瀾の幼
年期を過ごしたというわけです。

　岡崎に戻った広忠も、安穏とはしていられません。

「15歳の若造が家督を継いだぞ。今がチャンス！」

と、織田氏が三河に侵攻してきたのです。

　広忠は、岡崎城に戻ったのも束の間、織田氏との抗争に明け暮れる日々
を過ごすことになります。

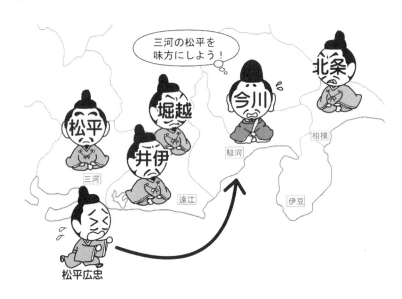

❖ 1542（天文 11）年 【竹千代 1 歳、広忠 17 歳】

　岡崎に戻った広忠は、於大の方という女性と結婚します。

　於大の方は、1542（天文 11）年、松平竹千代を生みます。のちの徳川家康です。

　しかし竹千代、わずか 3 歳で最初の大きな試練を迎えるのです。

❖ 1544（天文 13）年 【竹千代 3 歳、広忠 19 歳】

　「水野信元が今川氏と絶縁して、織田氏に寝返ったぞ」

　この水野信元、於大の方の兄です。実の兄（次男）が寝返ったとあれば、妹である於大の方も三河にはいられません。於大の方は、広忠と離縁させられるのです。

　織田氏との抗争により、まだ物心もつかない幼い竹千代は、母親と引き裂かれ、離ればなれとなってしまいました。

　竹千代の試練はまだまだ続きます。

　少し時計の針を戻しましょう。

　1535（天文 4）年、竹千代の祖父・松平清康が亡くなると、信長の父である織田信秀は、

　「これぞ三河を奪うチャンス！」
と、三河への侵攻をはじめました。

　このとき、先ほどお話しした叔父の松平信定による岡崎城乗っ取り事件も起こりました。

　5 年後の 1540（天文 9）年、織田信秀は三河の安祥城を支配下に置きました。

　「このまま一気に三河攻略だ！」
と織田信秀は意気込みます。

　しかし、ちょうどこの頃、織田信秀にも転機が訪れます。美濃の斎藤道三との対立が深まっていくのです。三河どころではなくなってしまうので

す。

　織田信秀は、斎藤道三と争いながら、

　「斎藤道三との一件が落着したら、すぐさま三河を攻めてやる」

と、準備を着々と整えていました。

❖ 1547（天文 16）年　【竹千代 6 歳、広忠 22 歳】

　──織田信秀は、いつ攻めてくるかわからない。このままでは、三河を
　　　守り抜くことはできない。

　そう考えた、竹千代の父・広忠。

　1547（天文 16）年、ついに今川氏に従属することを決めます。その際、
従属の証しということで、竹千代を人質として今川氏に差し出すことにし
ました。

　このとき、竹千代まだ 6 歳。

　3 歳にして母との仲を引き裂かれた家康は、母との別れからわずか 3 年
後、6 歳で人質として、今川氏のもとに預けられることになったのです。

　しかし、話はここで終わりません。

　竹千代は、駿府に護送される途中、田原城（愛知県田原市）に立ち寄ります。
そのとき田原城には、義母の父である戸田康光がいました。

　しかし、この戸田康光、

　──今川と組んだところで未来はない。

と考えます。

　戸田康光は、突然、竹千代の身を拘束してしまうのです。さらに、あろ
うことか竹千代を敵である尾張国の織田信秀のもとに送ってしまったので
す。

　戸田康光は、織田氏に寝返っていたのでした。

　竹千代を手に入れた織田信秀は、松平広忠に詰め寄ります。

　「今川から離反して、織田氏の傘下に入れ。そうすれば竹千代を返して
やろう」

　しかし、松平広忠は、あくまでも、

「私は、今川氏に従属する」

と言い張ったのです。

　そのため竹千代は、そのまま敵地である尾張国で人質生活を送ることを余儀なくされました。今川氏のような同盟関係にある相手の人質ではなく、まったくの敵対関係にある織田氏の人質。竹千代は、

「いつ殺されるかわからない」

という状況で少年期を過ごすこととなったのでした。

　この頃、尾張の織田信長は、竹千代より8歳年上でしたが、まだ14歳。

まさに「うつけ盛り」。

　信長と竹千代は、このとき知り合い、同じ地で少年時代を過ごしたわけですが、2人がどの程度の関係だったのかを知る術^{すべ}はありません。

　同じ頃、信長は斎藤道三の娘である濃姫との婚姻を約束します。実際の結婚はこの2年ほど後となるのですが、この政略結婚により、斎藤氏との対立にすべてを傾けなければいけない状態が回避されました。しかも織田氏の手元には、三河松平氏の後継者である竹千代が。

　織田信秀は、

　「竹千代が手元にいる今こそ、三河を攻める一大チャンス！」

　と考えます。

❖1548（天文17）年　【竹千代7歳、広忠23歳】

　翌1548（天文17）年、織田信秀は岡崎城を攻めます。

　しかし、ここで今川義元が動き出すのです。

　──広忠は、一貫して、我が今川氏に従属する姿勢を示してくれた。この忠誠心に報いてやろう。

　広忠のことをすっかり信頼した今川義元は、岡崎城に1万もの軍勢を送り込みます。しかも、この戦いの大将は今川氏の軍師として有名な太原雪斎、副将は今川氏の懐刀でもある朝比奈泰能^{あさひなやすよし}という、当時の今川氏最高の布陣。

　しかし、戦況は今川氏の優勢とはいきませんでした。織田氏の奮戦により、松平氏の軍勢は崩されてしまうのです。

　「織田氏、勝利か？」

　と思ったところで、軍師・太原雪斎の知略が光ります。太原雪斎は命じます。

　「横槍を入れよ！」

　今川氏の伏兵に、織田の本軍を横から槍で攻めさせたのです。

　これぞまさしく「横槍」。

　この結果、油断していた織田軍は慌てふためき、織田の軍勢は総崩れに

なったのでした。

❖ 1549（天文 18）年　【竹千代 8 歳、広忠 24 歳】

　翌 1549（天文 18）年 3 月 6 日、父の広忠が岡崎城内で亡くなります。
享年 24。祖父の松平清康が亡くなった歳とほぼ同じ歳でした。

　竹千代は、もちろんまだ尾張国。父の死に目に遭えないどころか、人質
に取られたままなので、三河国は領主不在となってしまいました。

　——城主不在では、三河国を織田氏に取られてしまう。

　そう危機感を抱いた今川義元は、今川の軍勢を岡崎城に送り込みます。
岡崎を織田氏に奪われないようにするためです。

義元はさらに、軍師・太原雪斎に、織田方の安祥城を攻略させます。その際、太原雪斎は、織田信秀の長子である織田信広の生けどりに成功します。

今川軍はこのとき、日本に伝来してまだ6年しか経っていない火縄銃を用いて勝利に導きました。今川軍に徹底的に叩きのめされたことで信長は、

——これからは鉄砲の時代だ。

と思ったのかもしれません。

❖ 1550（天文 19）年 【竹千代 9 歳】

翌 1550（天文 19）年、今川義元は、織田信秀に交渉を持ちかけます。

「人質になっている竹千代と、捕虜となっている織田信広を交換しないか」

この交渉は成功し、竹千代は晴れて織田氏の人質の身から解放されます。

しかし、竹千代が戻された場所は、自らの故郷である三河国岡崎城ではなく、駿河国の駿府。

岡崎城は、今川義元が派遣した城代・朝比奈泰能などが支配していたのです。竹千代は、墓参りで岡崎城に戻ったときですら、岡崎城の本丸に入ることはできなかったといわれています。

三河の領主になったのに、自らの城でさえ自由に入ることのできない竹千代。竹千代は、完全に今川氏の支配下に置かれてしまったのです。

❖ 1555（天文 24）年 【元康 14 歳】

1555（弘治元）年、竹千代は今川氏のもと、駿河で元服します。今川義元から「元」の字を賜り、松平元康と名乗ります。

さらには、今川義元の姪である瀬名（のちの築山殿）を娶ります。

❖ 1558（永禄元）年 【元康 17 歳】

1558（永禄元）年、元康は初陣を果たします。この初陣も今川氏から織田氏に寝返った鈴木重辰を攻めるというものでした。まさしく今川氏の家

臣のような初陣だったのです。

　こうして松平元康、のちの徳川家康は、今川義元に自由を奪われたまま、今川方の人間、反織田氏の人間として成長していきました。

　松平元康をしっかりと自らの手中に収め、三河国の実質的支配権を獲得した今川義元は、

　「ここからは、巻き返しだ！　一気に尾張を攻めてやる！」

と、いよいよ尾張へと侵攻の手を進めていくのでした。

桶狭間の戦い

今川氏の動き	信長の動き

1555（弘治元）　**太原雪斎**の死（享年60）
今川義元の軍師

1557（弘治3）　**朝比奈泰能**の死（享年61）
今川義元の懐刀

1560（永禄3）

5月12日　今川義元、府中を出発
　　　　　　┗→ 掛川、浜松、岡崎へ

5月17日　松平元康、尾張国に入国

5月18日　今川義元、沓掛城（尾張国）へ入城

5月19日
午前3時　松平元康、丸根城・鷲津城への攻撃開始

午前4時　　　　　　　　　　　　　信長、清洲城を出発
午前8時　　　　　　　　　　　　　信長、熱田神宮に到着
午前10時　松平元康、丸根城・鷲津城を陥落　　信長、善照寺砦に移る

　　　　　　今川義元、沓掛城を出発　　信長、桶狭間へと向かう
　　　　　　（→大高城へ）

正午　今川軍、中島砦を陥落

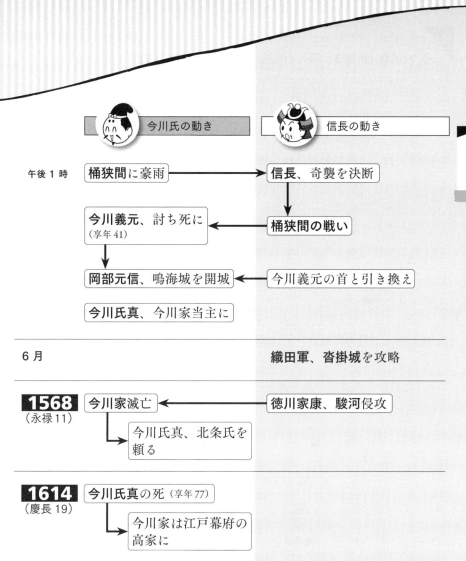

今川氏の動き	信長の動き

午後1時　桶狭間に豪雨 ──────→ 信長、奇襲を決断

今川義元、討ち死に ←────── 桶狭間の戦い
（享年41）

岡部元信、鳴海城を開城 ←────── 今川義元の首と引き換え

今川氏真、今川家当主に

6月　　　　　　　　　　　　　　織田軍、沓掛城を攻略

1568
（永禄11）
今川家滅亡 ←────── 徳川家康、駿河侵攻

　　　今川氏真、北条氏を
　　　頼る

1614
（慶長19）
今川氏真の死（享年77）

　　　今川家は江戸幕府の
　　　高家に

　1560（永禄3）年に入ると、今川義元の軍は尾張に侵攻します。指揮官は息子の今川氏真。

　当時、今川の基地であった大高城（おおたか）と鳴海城（なるみ）は織田信長の軍に包囲されていました。大高城周辺には丸根砦（まるねとりで）と鷲津砦（わしづ）が、鳴海城の周辺には中島砦・丹下砦（たんげ）・善照寺砦（ぜんしょうじ）が築かれていました。

　今川義元はまず、この信長による包囲網を打ち破ろうと考えます。

　それだけではありません。今川義元は、当時、伊勢湾で力を持っていた千賀氏や服部氏と手を組んで、伊勢湾の制海権を手に入れようとします。

　──陸上と海上から信長を挟み撃ちにしよう。

と、今川義元は考えたのです。

　このとき、今川軍の兵力はおよそ2万5000とも4万とも。それに対して、迎え撃つ信長の軍勢は、わずか4000足らず。今川は、信長の兵力を知りながら、

「これだけの兵力を送り込めば、確実に勝てるだろう」

と万全を期しての大軍の派遣です。

　今川の勝利は誰の目から見ても明らかな「はず」でした。

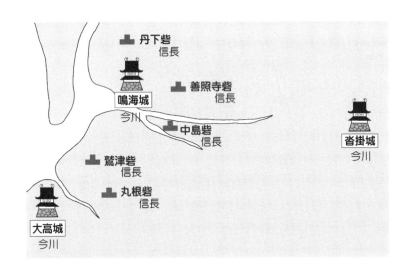

❖ 5 月

　1560（永禄3）年5月12日、今川義元は、自らの居城である府中を出発し、掛川、浜松、岡崎と歩を進めます。

　5月18日、今川義元は尾張国の沓掛城に入ります。

　前日には、松平元康（のちの徳川家康）らの先鋒隊も尾張国に入っていました。

　今川軍の目標は、信長の居城である清洲城です。

　――清洲城を落とすためには、その道中にある大高城と鳴海城の包囲網
　　　を打ち破らなければいけない。

　今川義元は、松平元康らに、

「大高城の包囲網（丸根砦・鷲津砦）を打ち破れ！」

と命令します。

「今川軍が、丸根砦と鷲津砦を打ち破ろうとしている」

　この情報は、信長の耳にも入ってきました。

　しかし、これを聞いた信長は、なぜか、何のアクションも起こしません。作戦会議を開こうともせず、家臣たちの籠城のすすめにも一切耳を傾けようともしないのです。

　今川は圧倒的な兵力で迫ってきています。このとき、丸根砦と鷲津砦にいる家臣の数はわずか500。

「丸根砦と鷲津砦にいる家臣を見殺しにするのですか！」

　いくら家臣が力説しても、一向に動こうとはしない信長。

　5月19日午前3時、松平元康らは、大高城の包囲網を打ち破るべく、丸根砦と鷲津砦への攻撃を開始します。

「松平元康が、丸根砦と鷲津砦への攻撃をはじめた！」

　この報は、まもなく信長の耳に届きます。

　飛び起きた信長は、そのまま幸若舞の「敦盛」を舞うと、出陣の身支度

を整えはじめたのです。

人間五十年　　　　　　　（人間世界の 50 年）
下天の内をくらぶれば　　（天上世界と比べれば）
夢幻のごとくなり　　　　（ただ一瞬の出来事よ）
一度生を得て　　　　　　（一度生を受けたなら）
滅せぬ者のあるべきか　　（滅びぬ者は誰もいない）

　なぜ信長はここで「敦盛」を舞ったのか？
　「敦盛」は、源平合戦のときに熊谷直実が敵の少年武者を泣く泣く討ち取るシーンを描いたものでした。
　このままでは丸根砦と鷲津砦は、早晩陥落してしまうことでしょう。家臣たちを泣く泣く見殺しにしなければいけない無念を、熊谷直実に重ね合わせたのではともいわれています。

　午前 4 時、信長は清洲城を出発。
　午前 8 時、熱田神宮に到着した信長は、軍を集結させ戦勝祈願をおこないます。
　午前 10 時、信長の軍は鳴海城を包囲していた善照寺砦に移ります。
　この頃、丸根砦は松平元康の猛攻を受け、大将の佐久間盛重は討ち死にします。鷲津砦も今川軍の猛攻を受け、まもなく陥落してしまいます。
　「丸根砦・鷲津砦を落としました！」
　この報を聞いた今川義元は、喜び勇んで、沓掛城を出発。包囲網が陥落した大高城方面に向けて西に進みました。
　実は信長は、このタイミングを待っていたのです。

　2 万 5000 とも 4 万とも呼ばれる今川軍に対して、信長軍はわずか 4000。これでは、どう見ても勝てません。そこで、信長は目標を 1 点に絞るのです。その目標とは、ズバリ、

「今川義元の首」

　今川義元の首さえ取れば、今川軍はズタズタになる。信長はそう考えたのです。

　なぜなら、当時の軍隊というのは、純粋な家臣というのは少なく、多くは、

　──今は、今川氏についたほうがトクだろう。

と思っている人たち。

　ですから、今川義元が死んで、今川氏が劣勢になった瞬間、2万5000とも4万とも呼ばれる軍勢は、チリジリバラバラになるだろう。そう信長は考えたのです。

　つまり、信長は今川義元を大高城におびき出すため、丸根砦・鷲津砦を「捨て石」にしたのではないかということなのです。

　信長が、朝目覚めてすぐ「敦盛」を舞ったというのも、この「捨て石」にした家臣を想ってのことだったのかもしれません。

　意気揚々と大高城に向かう今川義元。

　一方の信長は、桶狭間方面に敵軍がいると察知。わずか2000の軍勢で桶狭間に向かいます。

「信長さまが出陣したぞ！」

　鳴海城の中島砦にいた織田氏の部隊の意気が上がります。

　正午、中島砦の部隊が、単独で今川軍の前衛に攻撃を仕掛けます。しかし多勢に無勢。織田氏の部隊は、今川軍にあっさりと討ち取られてしまいます。

　丸根砦・鷲津砦に加えて中島砦でも勝利し、今川義元は意気揚々。

　午後1時、突然、桶狭間を視界を遮るほどの豪雨が襲います。

　かねがね信長は、

　──今川義元に勝つには奇襲しかない。

と考えていました。そのような中での視界を遮るほどの豪雨です。これ以

上の奇襲のチャンスはありません。

「今こそ奇襲せよ！」

信長は迷わず奇襲を決行します。

そのとき今川義元は、度重なる戦勝に気をよくしており、雨で先に進むことができないということで、なんと酒宴を開いていたのです。

信長、もう最高の奇襲タイミング！

しかも、このときの今川義元を守る軍勢は 5000 〜 6000。圧倒的な兵力というわけではありませんでした。

豪雨の中の奇襲に、今川軍は慌てふためきます。

今川義元は輿を捨て、騎馬で退却しようとします。今川義元を守るのは、300 騎余りの騎馬隊。信長の軍勢は、この騎馬隊に向けて集中して攻撃したのです。まさしく、

「狙うは今川義元の首一つ」

といった感じです。次々に敗れる今川の騎馬隊。

今川義元は、とうとう織田の軍勢に追いつかれてしまいます。今川義元

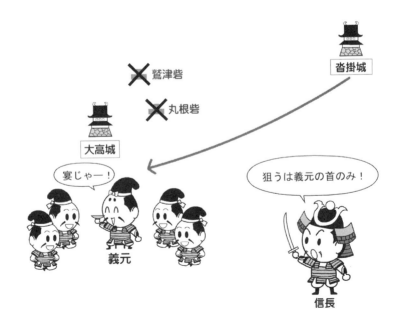

は、斬りかかってきた服部一忠を返り討ちにしましたが、まもなく毛利良勝に組み伏せられ、討ち取られてしまったのです。今川義元、享年42。

今川義元を失った今川軍は、信長の予想どおりズタズタに。今川軍は一斉に駿河に退却をはじめました。

勢いづいた織田の軍勢は、翌6月には沓掛城を攻略するなど、今川方に落ちていた城を次々と奪還していきました。

今川方の城のうち鳴海城だけは抵抗を続けていました。

鳴海城主岡部元信は、今川義元に忠誠を尽くした家臣でした。

——今川義元の首をなんとか取り戻したい。

岡部元信は、その一心で信長に抵抗を続けていたのです。その後、岡部元信は、信長と交渉。今川義元の首と引き換えに鳴海城を開城することにしました。

今川義元の首を携えた岡部元信は、駿河に戻る途中、刈谷城を攻め落として駿河に戻ります。刈谷城は、水野信近の城。水野信近は、松平元康（家康）の母である於大の方の兄（三男）。つまりは、今川氏と松平氏を裏切って織田氏に寝返った人物です。裏切り者の水野信近を討つことで、わずかながらでも今川義元の無念を晴らそうとしたのでしょう。

一方、裏切り者・水野信近の兄である水野信元は、なんと甥にあたる松平元康が大高城から三河に落ち延びるのを手助けしたのです。このことは次の場で詳しくお話ししましょう。

今川義元が、信長の奇襲を許してしまった背景には、「軍師たちの死があったのでは」と考えることができます。1555（弘治元）年には軍師の太原雪斎が、2年後の1557（弘治3）年には懐刀の朝比奈泰能が亡くなっていました。いずれも今川義元の父・今川氏親の頃からの名参謀でした。もし、太原雪斎が生きていたら、「丸根砦・鷲津砦陥落！」の報を聞いて、ノコノコと沓掛城を出発しなかったのではないか、などと考えてしまいます。

ところで、今川義元の子で、桶狭間の戦いの指揮官であった今川氏真はどうなったのでしょうか。

　今川氏真は、駿府城留守居という形で駿河にいたので、命の危機は免れました。

　今川氏真は、今川義元の死によって今川家の当主となりますが、今川義元が倒された今となっては、今川氏に昔のような力はありません。

　8年後の1568（永禄11）年、武田信玄と徳川家康が駿河に侵攻すると、白旗を掲げて敗れ、ここに戦国大名の名家である今川家は滅亡してしまいます。

　今川氏真は、その後は小田原の北条氏を頼り武田氏と対抗しようと考えますが、駿河奪還は夢のまた夢。今川氏真は転々と流浪し、最終的には徳川家康の庇護を受けます。

　そして1614（慶長19）年に亡くなります。享年77ですから、戦国大名の中でも非常に長生きしたと言えます。信長よりも秀吉よりも長生きするのです。

　和歌と風流を愛する家柄から、今川家は江戸幕府のもとで、儀式などを司る高家として家名を残していきました。高家といえば、「忠臣蔵」でおなじみの吉良上野介も担当していた役職です。吉良氏も今川氏同様足利氏の血を引く家柄でした。この二つの家がともに、江戸時代徳川のもとで高家を務めたというのも非常に興味深いことです。

　今川氏は、あくまでも高貴な今川氏として、江戸時代を乗り越えていったのです。

第2幕　今こそ奇襲せよ！

清洲同盟

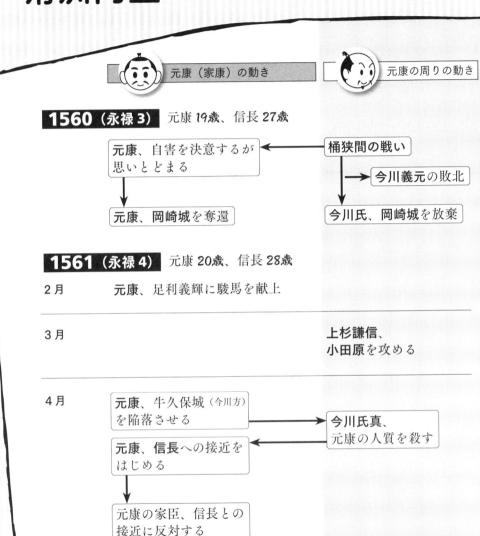

元康（家康）の動き

元康の周りの動き

1560（永禄3） 元康 19歳、信長 27歳

元康、自害を決意するが思いとどまる ← 桶狭間の戦い

↓ 今川義元の敗北

元康、岡崎城を奪還　今川氏、岡崎城を放棄

1561（永禄4） 元康 20歳、信長 28歳

2月　元康、足利義輝に駿馬を献上

3月　　　　　　　　　　　　上杉謙信、小田原を攻める

4月　元康、牛久保城（今川方）を陥落させる → 今川氏真、元康の人質を殺す

元康、信長への接近をはじめる ←

元康の家臣、信長との接近に反対する

元康（家康）の動き

 元康の周りの動き

1562（永禄5）

元康、信長と清洲同盟を結ぶ

↑── 水野信元の仲介

1563（永禄6）

元康、家康と改名

1564（永禄7）

家康、水野信元と協力して撃退 ←── 三河で一向一揆

1566（永禄9）

家康、三河国を平定

徳川と名乗る ──→ 徳川家康の誕生

1568（永禄11）

家康、今川氏を滅ぼす

❖ 1560（永禄 3）年 【元康 19 歳、信長 27 歳】

　「今川義元が、信長に討たれた！」

　この報は、大高城で休息中だった松平元康（のちの徳川家康）の耳に入ります。

　「まさか！」

　元康は驚きます。

　──あれだけ優勢であった今川軍が、今回の戦いで敗れるわけがない。

　先鋒を務め、大高城での圧倒的な勝利をこの目で見た元康には、今川義元が討たれたことはにわかに信じがたかったでしょう。

　元康は、闇夜に紛れて大高城から撤退します。このとき、大高城から落ち延びる際に手助けした人物が水野信元でした。

　水野信元は、織田方の人間。しかし彼の妹は自らのお母さんである於大の方。元康は、3歳で離ればなれになったあとも、お母さんである於大の方と連絡を取り合っていたといわれています。ここで於大の方と水野信元とのあいだにどのようなやりとりがあったかは残っていません。しかし、もしこのとき水野信元の手助けがなかったら、元康は大高城で討ち死にしていたかもしれません。

　元康が向かった先は、故郷の岡崎。しかし、元康が生まれた岡崎城は、今川氏に押さえられており、自由に出入りすることができません。そこで元康は、大樹寺（愛知県岡崎市）に向かいます。ここは松平家の菩提寺。

　しかし、ここにも郎党と呼ばれる金目当ての野武士どもが、元康の首を狙って集まってきていたのです。

　──もはや、これまで。

　観念した元康は、先祖の墓前で切腹しようと決意します。

　わずか19年の人生。物心つくかつかないかのときに母親と生き別れ、その後は、ひたすら人質人生。そのあいだに父も家臣に殺され、そして迎えたこの最期。

　元康は、幼い頃から親しくしていた寺の住職である登誉上人（とうよしょうにん）にこの決意を告げました。

　登誉上人は、元康に自害を思いとどまらせようとはしませんでした。

　登誉上人は、白い布に、

「厭離穢土（えんりえど）　欣求浄土（ごんぐじょうど）」

としたため、元康にこう言いました。

「天に得ざる国を獲るは、盗人の所業。たとえ運良く天下を取っても、その非道は子孫に伝わる。栄華もまさしく夢のごとし。夢から覚めれば必ずや地獄に落ちる」

　じっと耳を傾ける元康に上人はこう続けました。

「そなたは最終的には、万民のため、天下の父母となって、万民の苦しみを取り除いていくべきではないのか」

　上人のしたためた「厭離穢土　欣求浄土」とは、「穢れた世を嫌って離れ、極楽浄土を願い求めよ」という意味。「穢れた世」とは、まさしく戦国の世。

　――穢れた戦国の世を、「浄土」である世の中に改めていくのが自らの使命ではないか。今、ここで自害している場合ではない。

　元康は、雷に打たれた気がして、自害を思いとどまります。

　元康は、これ以降「厭離穢土　欣求浄土」を自らの馬印（うまじるし）にするのです。

馬印とは、戦場で自らの位置を示すために用いた目印のことです。

「厭離穢土　欣求浄土」

この言葉に押されるように奮い立った元康は、寺の周りを取り囲んでいた郎党たちを蹴散らします。

その後、

「岡崎城を今川氏が放棄した」

という報を受けた元康は、早速、空き城となった岡崎城に入城。ここではじめて今川氏から離れ、独自に行動しはじめるのです。

❖ 1561（永禄 4）年　【元康 20 歳、信長 28 歳】

翌 1561（永禄 4）年、20 歳になった元康は本格的に動きはじめます。

2 月、元康は、13 代将軍足利義輝に 嵐 鹿毛という駿馬を献上します。これは室町幕府から直接、三河国の領主として認めてもらおうという狙いです。

「もう、今川氏の力を借りない」

という元康の決意の表れでもあります。

3 月、上杉謙信が小田原を攻めます。前年の桶狭間の戦いで今川氏が敗れたことをきっかけに、上杉謙信は関東出兵をはじめていたのです。武田・今川・北条の三国同盟の一角が崩れ、北条氏を攻める好機だと考えたからです。

──これは、私にとってもチャンスかもしれない。

元康の意気が上がります。

4 月、元康は、東三河における今川方の拠点である牛久保城を攻めます。生まれてはじめての今川氏への反逆です。元康は上杉氏の小田原攻めが長期化することを見越して攻撃したのです。元康の予想どおり、今川氏が頼りにしていた武田氏・北条氏は、上杉謙信の小田原攻めに追われ、とても牛久保城にまで手を回せる状況にありません。

牛久保城は呆気なく陥落。

その後も元康は西三河の城を次々と攻め、三河国の平定に邁進します。

「元康め、わしが手こずってるスキに盗っ人のようなマネをしやがって！」

今川義元の子の今川氏真は怒り狂います。今川氏真は、元康から預かった人質を城下で無残にも串刺しにして殺してしまいます。

今川氏真の怒りを買った元康は、信長へ接近しはじめます。信長は当時、美濃の斎藤氏と交戦していました。信長は常々、三河の松平元康と同盟を結んで、背後から攻められる可能性をなくし、斎藤氏との戦いに全力を傾けたいと考えていました。

こうなると、すぐに同盟締結といきそうですが、ここでまたもや邪魔が

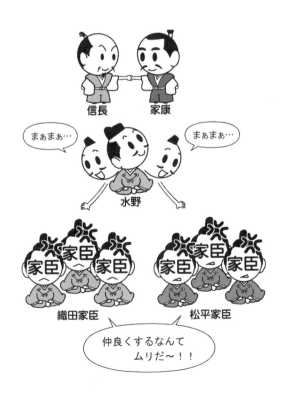

入ります。それは、なんと元康の家臣たちと信長の家臣たちでした。

「元康の父・松平清康と、信長の父・織田信秀は、まさに宿命のライバル同士。どうして仲良くできましょう」

双方の家臣たちは、それぞれの主君に説得するのです。

家臣たちの遺恨の強さはハンパではありません。

ここで活躍するのが、元康を大高城から救った水野信元です。

❖ 1562（永禄5）年 【元康21歳、信長29歳】

翌1562（永禄5）年、この水野信元が仲介役となり、清洲同盟が成立します。この同盟は、形を変えながらも信長が亡くなるまで20年も継続します。「裏切る」「裏切られる」が当たり前の戦国の世において、20年も同盟関係が維持されるのは非常に珍しいことです。なぜ、これだけ長く奇跡の同盟関係が維持できたのかについては、あとの幕で徐々に明らかになっていきます。

この頃、元康は久松俊勝とその3人の息子に松平の姓を与えて家臣とします。「久松って誰？」って声が聞こえてきそうですが、この人物、実は元康のお母さんである於大の方の再婚相手なのです。於大の方の再婚相手と、再婚相手とのあいだに生まれた3人の息子を家臣とし、於大の方を自分の母として迎えたのです。

3歳のときに別れてから、およそ20年ぶりの母子の再会です。

この於大の方は、関ヶ原の戦いで徳川氏が勝利する2年後の1602（慶長7）年、75歳で天寿を全うするまで、元康の母として暮らすこととなります。

つまり、息子が関ヶ原の戦いに勝利し、天下を取ったのを見届けてこの世を去るというわけです。

一方、元康の妻である築山殿（今川義元の姪）は、この頃駿府にいました。築山殿と元康は駿府で結婚し、2人は駿府に暮らしていました。そして元康が岡崎城に戻ってからも築山殿はそのまま駿府に残されていました。

しかし、元康が清洲同盟を結ぶと、築山殿の身にも危険が及ぶようになります。築山殿のお父さんは、今川氏真の怒りを買い自害に追い込まれてしまいました。

——このままでは、妻も今川氏真に殺されるかもしれない。

元康は、なんとかして築山殿を岡崎に呼び寄せようと考えます。ちょうどこのとき元康のもとには、捕虜として捕らえた今川義元の妹の夫がいました。

そこで元康は、

「今川義元の妹の夫と、築山殿を交換しないか」

と今川氏真に持ちかけ、築山殿と子どもたちを岡崎に呼び寄せることに成功します。

これで親子水入らず、といきたいところですが、話はうまくいきません。元康のお母さんである於大の方が、築山殿のことをひどく嫌うのです。今川氏によって離縁させられ、母と子を切り離された於大の方は言います。

「今川氏の人間をどうしても受け入れることができない」

そうして於大の方は、築山殿が岡崎城に入ることを許しません。その結果、築山殿は岡崎城の外れの惣持尼寺で、まるで出家した尼のような暮らしを余儀なくされることとなりました。築山殿が産んだ信康が織田信長の長女の徳姫と結婚したときですら、築山殿は岡崎城に入ることを許されませんでした。この状態は、なんと10年近くも続きます。

❖1563（永禄6）年 【元康22歳、信長30歳】

翌1563（永禄6）年、元康は改名します。今川義元から賜った「元」の字を返上して、家康と名を改めたのです。これで今川氏とは完全に断交したことになります。

信長と同盟を組んだ家康ですが、その後の道のりは決して平坦ではありませんでした。

79

❖ 1564（永禄 7）年 【元康 23 歳、信長 31 歳】

　翌 1564（永禄 7）年、三河で大規模な一向一揆が起こります。一向宗（浄土真宗）の信者たちによる反抗です。今川氏から弱小大名である松平氏に支配が移ったのに乗じて暴れたのです。このときに大規模な援軍を送ったのも、あの水野信元です。家康は、水野信元の協力のもと、一向一揆を撃退します。

❖ 1566（永禄 9）年 【元康 25 歳、信長 33 歳】

　2 年後の 1566（永禄 9）年には三河国の統一を成し遂げ、同時に「徳川」に改姓。ここに、のちの天下人である徳川家康が誕生しました。

❖ 1568（永禄 11）年 【元康 27 歳、信長 35 歳】

　さらに 2 年後の 1568（永禄 11）年には、武田氏と組んで今川氏を滅亡に追い込みます。
　その頃、信長は新たな「敵」に立ち向かっていました。

本幕に登場するおもな地域

稲葉山城の戦い

美濃

尾張

本圀寺

大和

東大寺

第 **3** 幕

野望渦まく上洛

道三の野望

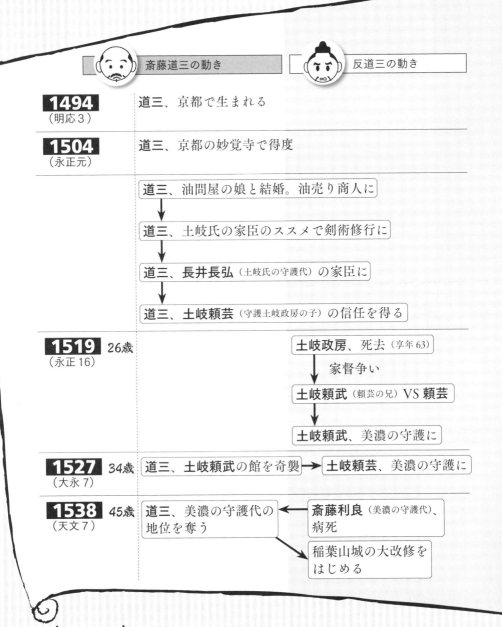

	斎藤道三の動き		反道三の動き

1494
（明応3）　道三、京都で生まれる

1504
（永正元）　道三、京都の妙覚寺で得度

道三、油問屋の娘と結婚。油売り商人に
↓
道三、土岐氏の家臣のススメで剣術修行に
↓
道三、**長井長弘**（土岐氏の守護代）の家臣に
↓
道三、**土岐頼芸**（守護土岐政房の子）の信任を得る

1519 26歳
（永正16）
　　　　　　土岐政房、死去（享年63）
　　　　　　　↓ 家督争い
　　　　　　土岐頼武（頼芸の兄）VS 頼芸
　　　　　　　↓
　　　　　　土岐頼武、美濃の守護に

1527 34歳
（大永7）　道三、土岐頼武の館を奇襲 → **土岐頼芸**、美濃の守護に

1538 45歳
（天文7）　道三、美濃の守護代の ← **斎藤利良**（美濃の守護代）、
　　　　　地位を奪う　　　　病死
　　　　　　　　　　　　　→ 稲葉山城の大改修を
　　　　　　　　　　　　　　はじめる

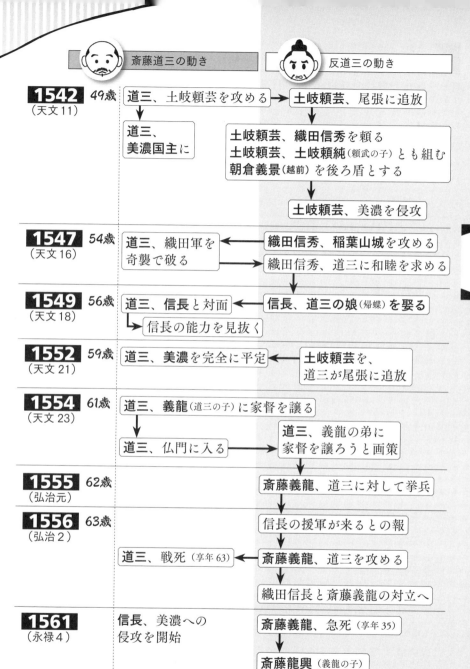

	斎藤道三の動き	反道三の動き
1542 （天文11） 49歳	道三、土岐頼芸を攻める →	土岐頼芸、尾張に追放
	道三、 美濃国主に	土岐頼芸、織田信秀を頼る 土岐頼芸、土岐頼純（頼武の子）とも組む 朝倉義景（越前）を後ろ盾とする 土岐頼芸、美濃を侵攻
1547 （天文16） 54歳	道三、織田軍を 奇襲で破る	織田信秀、稲葉山城を攻める 織田信秀、道三に和睦を求める
1549 （天文18） 56歳	道三、信長と対面 └ 信長の能力を見抜く	信長、道三の娘（帰蝶）を娶る
1552 （天文21） 59歳	道三、美濃を完全に平定 ←	土岐頼芸を、 道三が尾張に追放
1554 （天文23） 61歳	道三、義龍（道三の子）に家督を譲る 道三、仏門に入る →	道三、義龍の弟に 家督を譲ろうと画策
1555 （弘治元） 62歳		斎藤義龍、道三に対して挙兵
1556 （弘治2） 63歳	道三、戦死（享年63） ←	信長の援軍が来るとの報 斎藤義龍、道三を攻める 織田信長と斎藤義龍の対立へ
1561 （永禄4）	信長、美濃への 侵攻を開始	斎藤義龍、急死（享年35） 斎藤龍興（義龍の子） 家督を継ぐ（14歳）

桶狭間の戦いで今川義元を破った信長。

しかし信長の目的は、今川氏の駿河を手に入れることではありませんでした。

信長には、一つの大きな野望がありました。

それは「天下布武」。

ここで誤ってはいけないのが、「天下布武」の定義。

これは、

「天下を武力で統一する」

といった意味ではありません。

ここで言う「武」とは、「七徳の武」のこと。

七徳とは、

「暴を禁じ、戦をやめ、大国を保ち、功を定め、民を安んじ、衆を和し、財を豊かにする」

ということです。

つまりは、この戦国の世を終わらせ、国を富ませ発展していくこと。

これこそが、信長の大いなる野望だったのです。

そして、この野望を実現できるかどうかの試金石となるのが、

「美濃の斎藤氏を攻略できるかどうか」

なのです。

その斎藤氏について、お話ししていきましょう。

美濃国は、土岐氏という守護の支配する地域でした。土岐氏は、守護としては非常に強大な権力を有しており、将軍家すらもその力を恐れていました。そのため、金閣寺を造った足利義満は、1390（明徳元）年、自らの手で土岐氏の勢力を削減する戦いを起こしたほどでした。

その土岐氏を下剋上したのが、「美濃のマムシ」と恐れられた斎藤道三。斎藤道三は 1494（明応 3）年に京都で生まれました。しかし、1504（永正元）年に生まれたという説もあり、生誕地も諸説あります。本書では 1494（明応 3）年に生まれたものとして、話を進めていきます。

　さて、この道三、最初から武士だったわけではありませんでした。もともとはお坊さんだったのです。

❖1504（永正元）年　【道三 11 歳】

　道三は、11歳のときに京都の妙覚寺で得度し僧侶となりました。

　その後、学友の日護房（南陽房）が美濃国の常在寺の住職になったのを機に、道三も美濃にわたります。そして道三は、油問屋の娘に恋をしてしまい、結婚するためにあっさりと僧侶をやめてしまったのです。

　油問屋の娘を娶った道三。油売り商人となり、油の行商をはじめます。道三は、ここでものすごいパフォーマンスをおこないます。

　「油を注ぐ際、一文銭の穴に油を通しましょう。そのときに、一滴でも油がこぼれましたら、お代は一切いただきません」

　これを聞いた人々は、道三のもとに押し寄せます。その結果、道三の油は飛ぶように売れ、商売は大成功するのです。

　しかし、ある日、土岐氏の家臣の武士から、このようにいわれました。

　「そなたの油売りの技術はたしかに素晴らしい。しかし、所詮は商人の技にすぎぬ。これを武芸に傾ければ、そなたは立派な武士になれるだろうに。もったいない」

　これを聞いた道三、油売り商人をあっさりやめて、槍と刀の稽古に励むようになります。

　道三、やめるときはいつも「あっさり」。

　油を一文銭の穴に通すほど器用だった道三のこと、みるみる武芸が上達し、周りにライバルがいなくなるほどになります。

——なんとかして武士になりたいものだ。

道三は、日護房のツテを頼り、土岐氏の守護代を務めていた長井長弘の家臣となることに成功しました。

道三は、武芸の巧みさに加え、油売りのパフォーマンスで鍛えた話術で主君に取り入り、次第に頭角を現します。そしてついには、守護土岐政頼の弟・土岐頼芸の信任を得ることとなったのです。

この土岐頼芸という人物、父の土岐政房から家督を継ぐよう期待されていました。これに反発したのが、頼芸の兄の政頼。

——長男の俺が家督を継ぐのが当然だ！

❖1519（永正16）年 【道三25歳】

1519（永正16）年、父の土岐政房が亡くなると、兄の土岐政頼は動き出します。政頼は、越前の戦国大名・朝倉孝景を味方につけて弟に攻勢をかけるのです。その結果、弟の土岐頼芸は家督争いに敗れてしまったのです。

家督を兄に取られてしまった弟の土岐頼芸。土岐頼芸の信任を得た道三は、ここで一計を案じます。

「お兄さまに勝つためには、朝倉の援軍が来る前に一気に奇襲するしかございません」

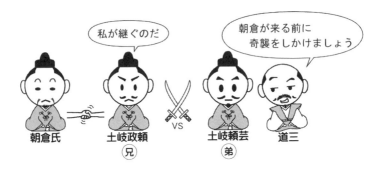

❖ 1527（大永7）年 【道三 33 歳】

　1527（大永 7）年 8 月、道三は土岐政頼の館を奇襲します。朝倉の援軍のない土岐政頼など赤子をひねるも同然。奇襲された土岐政頼は、あっさり越前に逃れ、土岐頼芸は晴れて美濃の守護となりました。

　道三は土岐頼芸を守護にした立役者となるわけです。

　道三は、みるみる出世していきます。

❖ 1538（天文7）年 【道三 44 歳】

　1538（天文 7）年、美濃の守護代・斎藤利良が病死。道三は、その名跡を継いで美濃の守護代となります。守護代となった道三は、早速、居城となった稲葉山城の大改修をはじめます。次の野望に向けて。

❖ 1542（天文11）年 【道三 48 歳】

　守護代になった 4 年後の 1542（天文 11）年、道三は立ち上がります。突如、土岐頼芸の居城である大桑城（岐阜県山県市）を攻めたのです。今までさんざん世話になった土岐頼芸に敢然と下剋上をおこなったのです。

　土岐頼芸と子の土岐頼次を尾張に追放。道三は事実上の美濃の国主となりました。

　尾張に追放された土岐頼芸ですが、もちろん黙ってはいません。土岐頼芸は、尾張で力を持ちはじめていた信長の父・織田信秀の後ろ盾を得ます。

　それだけではありません。同じく美濃を追われた者同士ということで、越前に逃れていた兄・土岐政頼の子である土岐頼純とも組むのです。この土岐頼純のバックには越前の戦国大名朝倉孝景。

　織田氏と朝倉氏という強力なバックを得た土岐頼芸と土岐頼純。再び美濃に侵攻します。土岐頼芸は揖斐北方城（岐阜県揖斐川町）に、土岐頼純は革手城（岐阜県岐阜市）に陣取ります。その後ろには織田と朝倉。織田信秀は、

　「今が道三を叩きつぶす好機だ」

と捉えます。

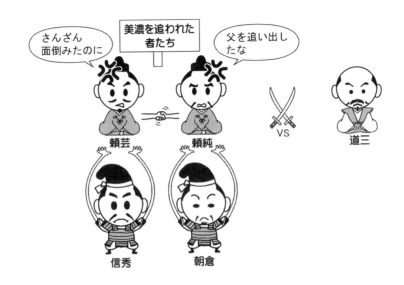

❖ 1547（天文16）年 【道三53歳】

　1547（天文16）年9月22日、織田信秀はついに道三のいる稲葉山城に兵を進めます。その数およそ5000。沿道に火を放ちながらの進軍です。稲葉山城山麓の村々も焼き払い、織田信秀の軍は街の中にまで入り込みます。道三の軍勢は、織田の軍勢に恐れをなしたのか手をこまねいているばかり。

　――土岐頼芸は、こんな弱いやつに手を焼いていたのか。

　勝利を確信した織田信秀は、午後4時を過ぎたこともあり、明日の総攻撃に備えていったん退却を命じます。

　織田信長が退却をはじめたそのとき！
　道三の軍勢が、突如、猛然と巻き返しを図ってきたのです。
　実は道三、織田信秀が退却するのをじっと待っていたのです。
　あまりにも急な攻撃に、織田信秀は狼狽。
　――やはり、美濃のマムシ。一筋縄ではいかなかった。

織田信秀は、態勢を立て直すこともできず、そのまま敗走を余儀なくされます。

　それでも執拗に追いかける道三の軍勢。慌てて逃げる織田の軍勢。

　木曽川にさしかかると、追っ手に焦って溺れる者が続出します。その数2000～3000。織田信秀が命からがら尾張に戻ったときには、5000もいた軍勢がわずか6～7人の家来しか残っていなかったといわれています。

　道三の真の実力を知った織田信秀は、道三との和睦を求めます。道三としても、尾張の実力者である織田信秀に対等の相手として認められたわけですから、この求めに応じます。

❖1549（天文18）年 【道三55歳、信長16歳】

　道三と織田信秀との和睦の結果、1549（天文18）年2月24日、斎藤道三の娘が、信長のもとに嫁ぐ運びとなりました。

　この娘こそ、信長が生涯正妻として連れ添った帰蝶（濃姫）です。

　しかし道三はこの婚姻に一抹の不安がありました。

　それは、信長の「うつけ者」という評判。信長はこのときまだ16歳でしたが、すでに「尾張のうつけ者」として周囲では有名な存在でした。

　――うつけ者の役立たずだから、わしの娘と結婚させても構わないと
　　　思ったのだろうか？

　道三は、織田信秀に不信感を抱きます。

　帰蝶を嫁がせたあと、道三は、聖徳寺（愛知県一宮市）で信長と会見します。そのとき、信長の姿を見た道三は言葉を失うのです。

　うつけの若者が現れると思いきや、そこに現れたのは、きっちりと正装した信長の姿。しかも信長の周囲には、鉄砲を持った護衛の者が囲みます。

　道三は信長の姿に圧倒されます。

　――我が子たちは、あのうつけの門前に馬をつなぐようになるだろう。

　つまりは、斎藤氏もゆくゆくは信長の家臣になってしまうだろうと述べ

たともいわれています。

❖ 1552 (天文 21) 年 【道三 58 歳】

　織田氏の後ろ盾を得た道三。1552（天文 21）年には、揖斐北方城にいた土岐頼芸を尾張に追放。美濃を完全に平定しました。

❖ 1554 (天文 23) 年 【道三 60 歳】

　美濃を平定した道三は、1554（天文 23）年、家督を子の斎藤義龍に譲ります。道三は剃髪し仏門に入ります。

　しかし、道三には一つだけ心残りがありました。

　それは子の義龍の出自でした。

　義龍の母は深芳野という女性。美濃一の美女で、身長は 187 センチもあったといわれています。しかしこの深芳野、もともとはあの土岐頼芸の愛人だったのです。土岐頼芸の家臣であった道三は、土岐頼芸から深芳野を譲り受けるわけですが、

　——これほどの美女、土岐頼芸がやすやすと譲るわけがない。

と思っていました。深芳野が産んだ義龍についても、

　「義龍は、実は土岐頼芸の子だそうだ」

という噂も立ち、道三は、ますます義龍を疎ましく思うようになります。

　道三は、義龍の弟である孫四郎や喜平次を偏愛し、ついには、

　——義龍を守護の地位から引きずり下ろして、弟に守護を譲らせよう。

とまで思うようになったのです。

❖ 1555 (弘治元) 年 【道三 61 歳】

　これに怒った義龍。

　1555（弘治元）年、弟たちを殺し、道三に対して挙兵します。

　これに対して道三も、応戦しようとしました。

　しかし。

　道三に味方する者はほとんどいなかったのです。

もう道三は、引退した過去の人。

しかも道三は国盗りの際、次々と主君を裏切り、死に追いやっています。そんな私利私欲にまみれた道三についていこうという人は誰もいなかったのです。

❖1556（弘治2）年　【道三63歳、信長23歳】

翌1556（弘治2）年。1万7500人もの兵を率いた義龍に対して、道三の軍勢はわずか2500。しかし、ここに、

「信長が援軍が来る！」

との朗報が。

「信長の援軍が来るまでなんとか持ちこたえろ！」

と奮起する道三。一方、義龍も、

「信長が来るまでにカタをつけろ！」

と息巻きます。義龍の猛攻を受け、道三の軍勢は総崩れ。信長の援軍が到着する直前に、道三は首をはねられてしまいました。享年63。

道三の死後は、信長と斎藤義龍の対立がはじまります。道三の末子である斎藤利治が尾張に亡命すると、信長は、

「斎藤利治こそが、真の道三の後継者。つまりは美濃の守護である！」

と言い放ちます。

❖1561（永禄4）年　【龍興14歳、信長28歳】

信長との戦闘が続く中、桶狭間の戦いの翌年の1561（永禄4）年、斎藤義龍は35歳の若さで急死。子の斎藤龍興が家督を継ぎます。

このとき、龍興わずか14歳。信長と対峙するにはあまりにも若い船出となりました。

稲葉山城の戦い

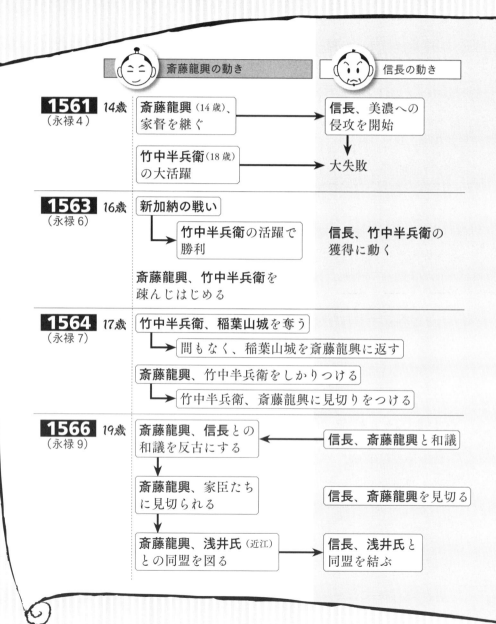

斎藤龍興の動き　　　　　　　　　信長の動き

1561（永禄4）　14歳
- 斎藤龍興（14歳）、家督を継ぐ → 信長、美濃への侵攻を開始
- **竹中半兵衛**（18歳）の大活躍 → 大失敗

1563（永禄6）　16歳
- 新加納の戦い
  - 竹中半兵衛の活躍で勝利
- 斎藤龍興、竹中半兵衛を疎んじはじめる

　　　　　　信長、**竹中半兵衛**の獲得に動く

1564（永禄7）　17歳
- 竹中半兵衛、稲葉山城を奪う
  - 間もなく、稲葉山城を斎藤龍興に返す
- 斎藤龍興、竹中半兵衛をしかりつける
  - 竹中半兵衛、斎藤龍興に見切りをつける

1566（永禄9）　19歳
- 斎藤龍興、**信長**との和議を反古にする ← 信長、斎藤龍興と和議
- 斎藤龍興、家臣たちに見切られる　　信長、斎藤龍興を見切る
- 斎藤龍興、浅井氏（近江）との同盟を図る → 信長、浅井氏と同盟を結ぶ

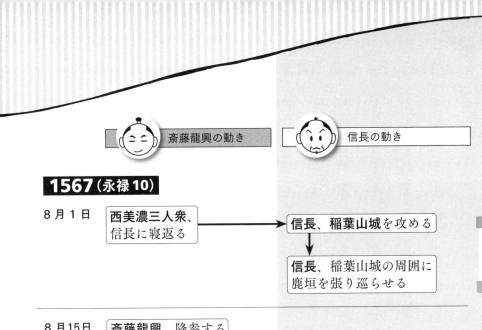

斎藤龍興の動き　　　　信長の動き

1567（永禄10）

8月1日

西美濃三人衆、
信長に寝返る

→

信長、稲葉山城を攻める

↓

信長、稲葉山城の周囲に
鹿垣を張り巡らせる

8月15日

斎藤龍興、降参する

斎藤龍興、伊勢長島に
落ち延びる

→

信長、竹中半兵衛の
獲得に動く

竹中半兵衛、木下秀吉
の家臣となる

←

❖ 1561（永禄4）年 【龍興14歳、信長28歳】

1561（永禄4）年、わずか14歳で家督を継ぐこととなった龍興。
家臣には動揺が走ります。
――龍興さまで、信長の軍勢と対峙できるのか？
この龍興の家臣たちの動揺を、信長が見逃すわけがありません。
「今こそ、美濃を叩くとき！」
信長は、猛然と侵攻を進めてきます。

父・義龍の亡くなった翌7月、信長は美濃に侵攻します。
しかし信長は、この侵攻で大敗を喫するのです。
その陰にあったのが、美濃・斎藤氏の重臣竹中半兵衛。
言わずと知れた戦国最強の軍師の一人。
ここで竹中半兵衛が使った戦法が、
「十面埋伏の陣」
まず、敵の前方に囮の兵を出します。敵が囮に向かって攻撃を仕掛けた瞬間、敵の右に5隊、左に5隊、潜んでいた伏兵が1隊ずつ順番に攻撃をしていくのです。伏兵が次から次へと、様々な方角から現れるというこの戦法に、信長の軍勢は慌てふためき、まさかの敗北を喫したわけです。
信長は、「美濃に竹中半兵衛あり」ということを思い知らされます。同時に信長は、
――いつかあいつを家臣に欲しいものだ。
と思ったとのこと。
このとき、竹中半兵衛はわずか18歳だったというのですから驚きです。

❖ 1563（永禄6）年 【龍興16歳、信長30歳】

2年後の1563（永禄6）年に起こった新加納の戦いでも、竹中半兵衛の活躍で勝利します。
龍興の勝利は、まさしく竹中半兵衛のお陰。しかし、若き龍興は、この

ありがたさに気づきません。

　龍興は、酒に溺れ女に溺れる毎日。竹中半兵衛や古くからの家臣である西美濃三人衆を、

「小言のうるさい連中だ」

といって政務から遠ざけ、自分の周りには遊び相手のイエスマンばかりを置く有り様。

　——このままでは、早晩美濃は信長に取られてしまう。

　心配した竹中半兵衛は、西美濃三人衆の一人である安藤守就と一計を案じます。

❖1564（永禄7）年　【龍興17歳、信長31歳】

　翌1564（永禄7）年2月、竹中半兵衛と安藤守就は、わずか16人の部下を引き連れて稲葉山城に向かいます。そして、わずか1日で稲葉山城を奪い取ってしまうのです。

　これを聞いた信長、

「やはり竹中半兵衛は、ただものではない！」

と驚きます。信長は早速、竹中半兵衛に、

「稲葉山城を、わしに譲ってもらえないか」

と持ちかけます。もちろん、その交換条件として、竹中半兵衛には莫大な褒美を与えることはもちろん、好待遇で家臣として迎える用意があることを伝えました。

しかし、ここで竹中半兵衛、信長の要求を拒絶するのです。それだけで
はありません。竹中半兵衛は、龍興に稲葉山城をあっさりと返してしまう
のです。

　なぜ、竹中半兵衛は、このようなよくわからないことをするのか？
　竹中半兵衛は、龍興になんとか改心してもらいたかったのです。
　「今のままでは、稲葉山城を信長に奪われてしまいますよ。その証拠に、
わずかな家来で、この稲葉山城、奪ってしまえたでしょ」と。
　しかし龍興は、改心しようとしませんでした。稲葉山城を奪ったという
ことで、竹中半兵衛をしかりつける始末。
　竹中半兵衛は、とうとう龍興に見切りをつけてしまいます。
　竹中半兵衛は、稲葉山城を龍興に返して、斎藤家から去っていったので
す。

　これを聞いた信長、すぐさま竹中半兵衛の獲得に動き出します。
　しかし、竹中半兵衛は、信長の要請に耳を傾けようとしません。
　龍興に見切りをつけたものの、斎藤家には深い恩。竹中半兵衛は、斎藤
氏を滅ぼすことにはどうしても協力できなかったのでしょう。そのまま先
祖のいた美濃・岩手に戻ります。
　「半兵衛、ワケわからん！」
　信長は頭を抱えます。と、同時に、
　「わしはゼッタイ、いつか半兵衛を家臣にしてみせる！」
と固く誓ったのでした。

❖ 1566（永禄9）年　【龍興 19 歳、信長 33 歳】

　竹中半兵衛を失った美濃。いつ信長に攻められてもおかしくありません。
家臣たちは、信長と和議を結ぶ道はないかと考えます。
　そこへちょうど、信長が次のように悩んでいるという情報が入りました。

「前将軍の弟である足利義昭を将軍に立てるため上洛したいが、美濃の斎藤氏が邪魔で上洛できない」

斎藤氏の家臣たちは動き出します。その結果、1566（永禄9）年、斉藤氏は足利義昭を仲介役として信長と和議を結ぶことになりました。

「信長の上洛の際、信長の兵を通す」

という約束で結ばれた和議です。

しかし龍興は、この約束をあっさりと破ってしまうのです。道を塞いで、信長の兵の行く手を阻んでしまいます。

信長は、堪忍袋の緒が切れます。

──もう、龍興を倒すしかない。

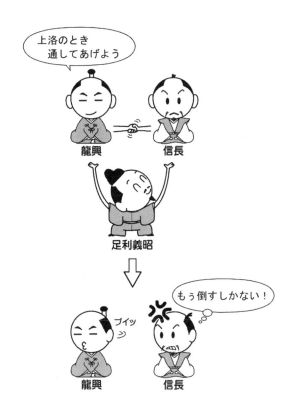

一方、龍興の家臣たちも、龍興に見切りをつけます。

　「竹中半兵衛同様、斎藤家に対しては深い恩があるが、さすがに龍興にはついていけない」

　龍興がなぜ、ここで突然反旗を翻したのか。

　そのあたりについては、話がややこしくなるので、このあと第4場の「信長上洛」のところで詳しくお話ししましょう。

　龍興は、最後の望みを、北近江の浅井氏に託します。浅井氏と同盟を結ぼうと考えたのです。しかし、ここも信長に先手を打たれていました。信長は浅井長政と同盟を結び、自らの自慢の妹であるお市の方を嫁がせていたのです。

❖ 1567 （永禄10）年　【龍興20歳、信長34歳】

　翌1567（永禄10）年8月1日、斎藤氏の重臣である西美濃三人衆は、とうとう龍興を見限ります。西美濃三人衆は信長に寝返ることを誓い、人質を差し出します。

　信長は、人質を受け取ると同時に、あらかじめ準備していた軍勢を美濃に繰り出します。そこに西美濃三人衆も加わります。龍興が、

　「誰が味方だ！　誰が敵だ！」

と右往左往しているあいだに、信長の軍は稲葉山城の城下にまで攻め入り、城下を焼き打ちます。

　稲葉山城は、丸裸の状態に。

　信長は、すぐさま城の周りに鹿垣を張りめぐらせます。鹿垣は本来、獣の侵入を防ぐためのものですが、簡単に作れることもあり、城を取り囲むのに使ったのです。

　8月14日、西美濃三人衆は、信長に挨拶に行きます。その際、わずか2週間で鹿垣が稲葉山城の周囲に張りめぐらされているのを見て、

　「信長は、なんてスゴい武将なのだ」

と舌を巻いたといわれています。

翌8月15日、稲葉山城にいた人たちは降参します。

龍興は船で長良川を下り、伊勢長島に落ち延びます。

あの不落の城といわれた稲葉山城は、わずか半月であっさりと信長の手に落ちてしまったのです。

このとき、龍興まだ20歳。

摂津に下った龍興は、このあと、もう一暴れするのですが、そのあたりは、第5幕で。

隠居の身であった竹中半兵衛は、岩手で稲葉山城陥落の報を聞いたといわれています。一方、信長は、

――斎藤氏がなくなった今となっては、竹中半兵衛も、どこかに義理立
　　てする必要はなかろう。

と早速、行動に出ます。

「竹中半兵衛を、家臣に召し上げろ！」

しかし、竹中半兵衛が一筋縄ではいかない男であることは誰の目にも明白。

そこで、信長が白羽の矢を立てたのが、木下秀吉。のちの豊臣秀吉。

秀吉は、竹中半兵衛のもとを訪れます。

もちろん、簡単には首を縦には振りません。

秀吉は、それこそあの手この手。「三顧の礼」を尽くして竹中半兵衛を説得します。

すると……

竹中半兵衛は、秀吉の説得する姿を見て、

——この人は、もしかしたらひとかどの人物になるかもしれない。

と思うのです。竹中半兵衛は、

「信長の家来ではなく、そなたの家来にならばなろう」

と言います。

「私の家来ならば、信長の家来も同然」

そう解釈した秀吉は、竹中半兵衛の提案を受け入れます。

こうして、秀吉の軍師としての竹中半兵衛が誕生するのです。

このとき、豊臣秀吉32歳、竹中半兵衛に至ってはわずか24歳でした。

第**3**幕　野望渦まく上洛

久秀の野望

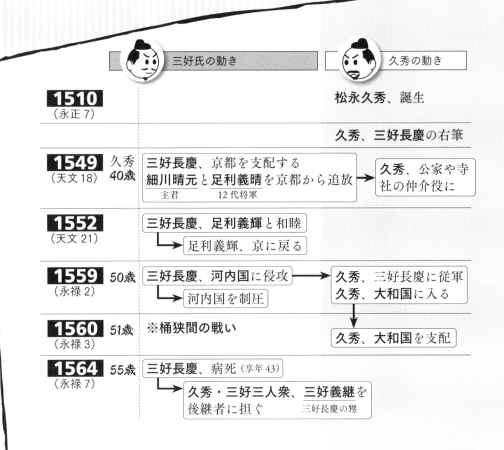

三好氏の動き	久秀の動き

1510
（永正 7）
　　　　　　　　　　　　　　　　　　　　松永久秀、誕生

　　　　　　　　　　　　　　　　　　　　久秀、三好長慶の右筆

1549　久秀
（天文 18）40歳
三好長慶、京都を支配する
細川晴元と足利義晴を京都から追放 → 久秀、公家や寺
　　主君　　　12代将軍 　　　　　　　　　社の仲介役に

1552
（天文 21）
三好長慶、足利義輝と和睦
　└→ 足利義輝、京に戻る

1559　50歳
（永禄 2）
三好長慶、河内国に侵攻 → 久秀、三好長慶に従軍
　└→ 河内国を制圧 　　　　久秀、大和国に入る
　　　　　　　　　　　　　　　　　　↓
1560　51歳 　※桶狭間の戦い
（永禄 3）　　　　　　　　　　　　　　　久秀、大和国を支配

1564　55歳
（永禄 7）
三好長慶、病死（享年 43）
　└→ 久秀・三好三人衆、三好義継を
　　後継者に担ぐ 　　　三好長慶の甥

 三好氏の動き 久秀の動き

1565（永禄8） 久秀56歳

5月 　久秀・三好三人衆、足利義輝を暗殺（享年30）

　　　　↓

　　　久秀・三好三人衆、足利義栄を14代将軍に → 久秀、三好三人衆と対立

11月 　三好三人衆、飯盛山城（久秀の居城）を襲う

　　　　┗→ 三好義継（三好家の後継者）を奪還

12月 　三好三人衆、将軍足利義栄に「久秀追放令」を出させる

1566 57歳
（永禄9）　三好三人衆、三好長慶の死を公表

　　　　三好義継が家督を継ぐ

　　　　三好三人衆、久秀討伐に

1567（永禄10） 久秀58歳

4月6日 　三好義継、久秀に保護を求める → 久秀、三好義継を保護

4月24日 　三好三人衆、久秀との戦闘開始

5月2日 　岩成友通（三好三人衆の一人）東大寺に布陣

　　　　↓

　　　三好三人衆と久秀、膠着状態に

10月10日 　東大寺大仏殿、焼け落ちる ← 久秀、東大寺を奇襲

　　　　↓

　　　三好三人衆、総崩れ

12月 　足利義栄、朝廷に将軍宣下を頼む

1568（永禄11） 久秀59歳

2月 　足利義栄、14代将軍に
　　　三好三人衆の働きかけ

　　　┗→ 三好三人衆、勢力を挽回する

6月 　三好三人衆、信貴山城を
　　　奇襲、陥落 → 久秀、多聞山城に籠城

美濃を攻略した信長。

「次こそ、京に上る」

となるわけですが、その前に、当時の京の状況を見ておきましょう。

京には、室町幕府があります。室町時代がはじまった頃は、将軍家が権力を握っていたのですが、応仁の乱をきっかけに戦国の世となると、権威しかない将軍の力は失墜していきます。代わって京の実権を握ったのは細川晴元。将軍の補佐役にあたる管領でした。

そのような中、1510（永正7）年、松永久秀は生まれます。信長よりも24歳年上ということになります。久秀の前半生はよくわかっておりません。史料で久秀の名前が登場するのも、久秀が30歳を過ぎた1540（天文9）年頃になってからです。

久秀は、細川晴元の家臣である三好長慶のもとに、若い頃は右筆として仕えていました。その後も交渉役や仲介役として活動していたと記録に残っています。

❖ 1549（天文18）年 【久秀40歳】

久秀の人生の転機となる事件が、1549（天文18）年に起こります。主君の三好長慶が、細川晴元と12代将軍足利義晴を近江国に追放して、京都を事実上支配するのです。京都を支配した三好長慶のもと、久秀は公家や寺社との仲介役として頭角を現します。

❖ 1559（永禄2）年 【久秀50歳】

10年後の1559（永禄2）年、三好長慶が河内国に遠征すると、久秀も従軍。三好長慶が河内国を制圧すると、久秀は、「残党狩り」を名目に大和に入ります。

❖ 1560（永禄3）年 【久秀51歳】

そして、翌1560（永禄3）年には大和国を統一して、戦国大名にまで上りつめていきます。このとき、久秀51歳。奇しくも信長が桶狭間の戦い

で頭角を現したのと同じ 1560（永禄 3）年に戦国大名のステージに上っていったのです。

　久秀が勢力を増す一方で、主君の三好長慶は、かつての勢いを失っていきます。弟で三好長慶の右腕的存在だった十河一存が馬から落ちて急死。三好長慶の弟の安宅冬康、嫡男の三好義興も相次いで病死してしまった結果、三好家では久秀に並ぶ重臣はいなくなってしまったのです。

❖ 1564（永禄 7）年　【久秀 55 歳】

　そして 1564（永禄 7）年 7 月、当の三好長慶も病に倒れ帰らぬ人となってしまいました。

　三好長慶が亡くなると、久秀は、三好長慶の甥にあたる三好義継を後継者として担ぐようになります。その際、久秀とともに三好義継を後継者に担いだのが、三好三人衆（三好長逸、三好政康・岩成友通）と呼ばれた、三好家の重臣たちです。

❖ 1565（永禄 8）年　【久秀 56 歳】

　翌 1565（永禄 8）年 5 月 19 日、三好三人衆と久秀の息子・松永久通、そして三好義継は軍勢を率いて上洛します。狙いは、室町幕府 13 代将軍足利義輝の命。

　しかし、足利義輝は武芸に秀でた将軍として有名でした。乗り込んでくる敵に対して、足利義輝は畳に刀を刺し並べ、自ら太刀を振りかざし、奉公衆と呼ばれる側近たち 30 名余りとともに迎え討ちます。

　わずか 30 余名で、三好三人衆と松永の兵を 200 名余りも討ち取ったといいます。

　しかし、やはり多勢に無勢。敵は将軍の館に火を放ちます。

　「まずい」

と気を取られた足利義輝。そのとき、脚を払う大太刀。13 代将軍足利義輝は、ここに命を落とすこととなったのです。享年 30。

30名

VS

足利義輝　　　　三好義継　　　久秀

三好三人衆

　足利義輝が殺されると、久秀と三好三人衆は、足利義輝のいとこにあた
る足利義栄を次期将軍候補とします。この頃から、久秀と三好三人衆のあ
いだで、畿内の主導権をめぐって対立が起きるようになります。
　三好三人衆は、
「将軍の暗殺は、この三好三人衆がおこなったこと。よって久秀ではなく、
我々三好三人衆が主導権を握るのは当然のことである！」
と言い放ちます。三好三人衆の次の狙いは、久秀の命ということになるわ
けです。
　11月16日、三好三人衆は、久秀方の城であった飯盛山城を突然襲います。
そして飯盛山城にいた三好家の後継者である三好義継を保護します。久秀
から三好義継を切り離したのです。
　さらに12月には、次期将軍候補である足利義栄に「久秀討伐令」を出
させます。

　これらの動きを受けて、久秀はみるみる劣勢に。周囲も三好三人衆側に
つく者が続出します。久秀も抵抗を試みますが、抵抗するたびに三好三人

衆に従う者が増えるという悪循環。

❖ 1566 （永禄9）年 【久秀57歳】

　翌1566（永禄9）年6月24日、三好三人衆は、それまで遺言で秘されていた三好長慶の死を公表し、後継者三好義継を喪主とした葬儀を大々的に挙行します。これにより、完全に傍流となった久秀。同時に、三好三人衆は、公然と久秀の討伐に乗り出したのです。

❖ 1567 （永禄10）年 【久秀58歳】

　翌1567（永禄10）年4月6日のこと。信貴山城にいた久秀のもとに、突然の来客。

　それはなんと三好長慶の後継者である三好義継でした。三好三人衆により、三好氏の後継者に立てられていた人物です。

　「なぜ、そなたがここに」

　久秀は驚きます。すると三好義継は、

　「私を保護していただきたい」

と言い出したのです。驚いてわけを聞く久秀。

　「私は、三好三人衆のお陰で、三好家の当主となることができました。しかし、三好三人衆は、近頃、次期将軍候補の足利義栄のほうにすっかり気持ちが傾いております。三好三人衆のむごたらしさは、先の将軍暗殺のときに、この目でしっかり見ております。足利義栄が三好三人衆側につけば、私は用済み。私も、先の将軍のようになってしまうのではないかと思うと、いてもたってもいられなくなり、こちらにうかがった次第であります」

　三好義継、このときまだ17歳。若くして三好家の当主となった苦渋が感じられました。

　三好義継を保護した久秀は、信貴山城から、より堅牢な多聞山城に移ります。

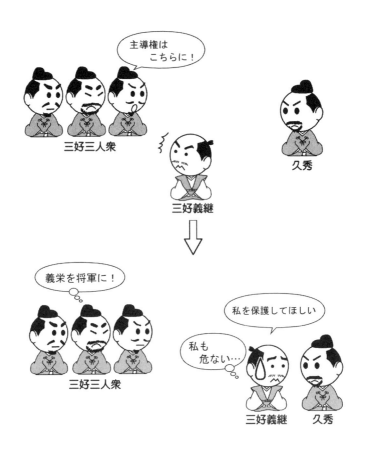

　「三好義継が、松永久秀に寝返った」

　三好三人衆は、早速大和に入国します。その兵力は2万あまり。久秀の軍勢も東大寺戒壇院・転害門に軍を進めます。そして4月24日の夕刻、東大寺の南大門付近で戦闘がはじまります。銃撃戦です。この銃声は真夜中まで続きました。

　三好三人衆は、戦況を有利に進めるため、東大寺に陣を構えたいと考えるようになりました。東大寺は、

　「久秀が来てから、寺領が侵されるようになって困っている」

と言って、三好三人衆の要求を呑みます。

　5月2日、三好三人衆の一人、岩成友通は、1万の軍勢を東大寺に布陣

します。

　圧倒的な兵力差と、東大寺に陣を構えていることで、三好三人衆の優勢のまま、両者の膠着状態は半年近くも続きました。

　10月10日、久秀は勝負に出ます。

　「東大寺を奇襲せよ！」

　家臣たちは驚きます。東大寺といえば、当時、比叡山延暦寺、石山本願寺などと並ぶ大宗教勢力。三好三人衆だって、

　「いくら久秀でも、東大寺には攻め込まないだろう」

　と、高をくくっての布陣。

　しかし、久秀は、

　「劣勢を挽回するにはこれしかない」

　と思ったわけです。

　午後11時、久秀の軍勢が東大寺を襲います。その際、穀物倉に戦火が燃え移ってしまいます。火は瞬く間に法華堂に燃え移り、そこから大仏殿の回廊（廊下）に延焼して、午前2時にはついに大仏殿に燃え移ります。

　火はあっという間に燃え広がり、さながら落雷が起こったかのようでした。大仏殿は一瞬で焼け落ち、そこに安置されていた大仏も炭と化してしまったのです。

　この火災で、三好三人衆軍は総崩れ。久秀は再び力を取り戻すことになったのです。

　しかし、三好三人衆も黙ってはいません。

❖ 1568（永禄11）年　【久秀59歳】

　翌1568（永禄11）年2月、三好三人衆は、足利義栄を14代将軍に擁立します。実は、足利義栄は、その前年の12月に朝廷に将軍の宣下をおこなうよう頼んでいましたが、朝廷の要求する献金に応じられなかったため、将軍になれないという状態が続いていたのです。

そこに目をつけた三好三人衆が、お金を出し合って、足利義栄を14代将軍に就けたわけです。

　そういう事情もあり、足利義栄は、三好三人衆の拠点である摂津国に滞在していました。しかも京は、三好三人衆と久秀が抗争中であったので、足利義栄は京でなく摂津で将軍となり、その後も一度も幕府のある京に入ることはありませんでした。

　将軍を擁立することで劣勢を挽回した三好三人衆は、6月、久秀の居城である信貴山城を奇襲します。信貴山城はあっけなく落城。久秀は、多聞山城に移り、籠城をはじめます。

　久秀の籠城に勝ち目はあったのか？

　あったのです。

　久秀の勝算はただ一つ。

　「信長の上洛」

　久秀は、信長が美濃の斎藤氏を倒す前から、信長と交信していたのです。

信長上洛

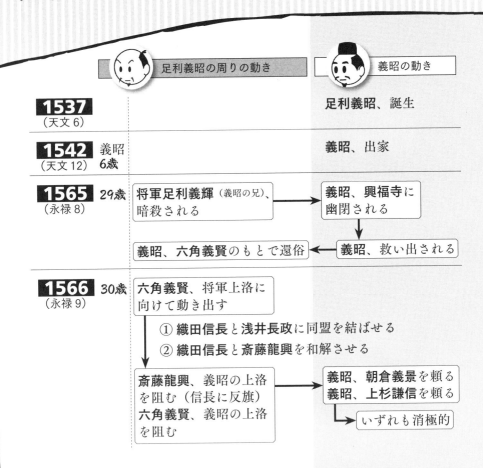

	足利義昭の周りの動き	義昭の動き
1537 (天文6)		足利義昭、誕生
1542 (天文12)　義昭 **6歳**		義昭、出家
1565 (永禄8)　29歳	将軍足利義輝 (義昭の兄)、暗殺される →	義昭、興福寺に幽閉される ↓ 義昭、救い出される
	義昭、六角義賢のもとで還俗 ←	
1566 (永禄9)　30歳	六角義賢、将軍上洛に向けて動き出す ① 織田信長と浅井長政に同盟を結ばせる ② 織田信長と斎藤龍興を和解させる ↓ 斎藤龍興、義昭の上洛を阻む (信長に反旗) 六角義賢、義昭の上洛を阻む →	義昭、朝倉義景を頼る 義昭、上杉謙信を頼る → いずれも消極的

足利義昭の周りの動き   義昭の動き

1568（永禄11）　義昭32歳

2月	足利義栄、14代将軍に（三好三人衆の働き） →	義昭、信長に上洛を頼む **明智光秀**の仲介
7月	義昭、三好三人衆を倒す命令を下す ←	義昭、尾張に移る
9月	六角義賢、抵抗するも敗れる ←	義昭、上洛を開始 ↓
	三好三人衆、京都から逃げ出す ←	義昭、上洛
	足利義栄、病死（享年31）	
10月	松永久秀、信長に降伏	**義昭、15代将軍に**
	織田信長、尾張・美濃、和泉を領有	

1569（永禄12）　義昭33歳

1月5日	三好三人衆、本圀寺の義昭を襲う
	↓ 翌日
1月6日	浅井長政、細川藤孝、三好義継ら本圀寺へ 信長、本圀寺襲撃の報を聞く
	↓ 2日後
1月8日	信長、本圀寺に到着
	↓
	三好三人衆、敗走

「天下布武」を掲げた信長。

「いよいよ上洛」

となるわけですが、上洛には大義名分が必要となります。

その際、信長が考えたのが、

「将軍になるべき人物を将軍に立てるため」

というもの。そこで、信長が白羽の矢を立てたのが、暗殺された13代将軍の弟である足利義昭です。のちの15代将軍で室町幕府最後の将軍です。

それでは、足利義昭の野望を探っていきましょう。

❖ 1537（天文6）年

足利義昭は、1537（天文6）年11月3日、12代将軍足利義晴の次男として生まれます。次男ということで、将軍になる可能性のない義昭は、わずか6歳で出家させられ、兄の足利義輝が13代将軍となりました。

そんな義昭に転機が訪れます。

❖ 1565（永禄8）年　【義昭29歳】

1565（永禄8）年、兄の足利義輝が三好三人衆らの手によって暗殺されてしまうのです。義昭も松永久秀の子・松永久通に捕らえられ、興福寺に幽閉されてしまいます。

義昭、絶体絶命のピンチ。

そこに救いの手をさしのべたのが、兄・足利義輝の側近たちです。彼らは、義昭を興福寺から救い出します。そして近江国の戦国大名六角義賢のもとで、

「私が、足利家の当主となり、14代将軍となる」

と宣言し、還俗するのです。このとき、義昭29歳。20年以上も出家して俗世とは離れた生活をしていた義昭が、突然、戦国の世のまっただ中に飛び込むこととなったのです。

六角義賢は、義昭の上洛に向けて動き出します。六角義賢は、北近江の

浅井氏と尾張の織田氏を和解させます。その際、信長の妹のお市の方が浅井長政のもとに嫁ぎます。また六角義賢の尽力で、織田信長と斎藤龍興も和解します。

この結果、義昭は信長の先導で上洛することとなるのです。

❖ 1566（永禄 9）年 【義昭 30 歳】

1566（永禄 9）年 8 月、信長は兵を挙げて、義昭の上洛に向けて動き出します。しかし、ここで前にもお話ししたように、斎藤龍興が突然、信長に反旗を翻して、道を塞いでしまったのです。

それだけではありません。義昭上洛のために骨を折っていた六角義賢までもが義昭の上洛を阻みはじめたのです。

実は、斎藤龍興と六角義賢は、この頃、三好三人衆と内通していたのです。

義昭は、六角義賢のもとを離れ、越前の朝倉義景のもとへと移ります。しかし、朝倉義景は、義昭の上洛に積極的ではありませんでした。

義昭は、越後の上杉謙信にも協力を仰ぎますが、上杉謙信は武田信玄との対立で手一杯で、上洛の余裕はありません。

❖ 1568（永禄 11）年 【義昭 32 歳】

そうこうしているうちに、1568（永禄 11）年 2 月 8 日、三好三人衆の働きによって、足利義栄が 14 代将軍に就任するのです。義昭と比べると血筋的にも取り巻き連中もはるかに劣った足利義栄に将軍職をかすめ取られてしまったわけです。

それでも朝倉義景は動こうとしません。

そこで義昭は、朝倉義景の家臣である明智光秀に、
「信長に上洛するよう頼んでくれないか」
と頼みます。ここで、あの明智光秀が登場するのです。しかし、疑問に思うのが、

「なぜ、明智光秀が、信長にそんなことを頼める立場にいるのか」
ということです。実は、信長の正妻である帰蝶（濃姫）は、明智光秀の従兄妹である可能性が高かったのです。つまり、信長と明智光秀は、遠縁の親戚同志ということになるわけです。

　明智光秀の仲介で、義昭は信長のいる尾張に移ります。
　7月25日、岐阜城下の立政寺（りゅうしょうじ）で、義昭と信長は対面します。義昭は、信長に対して、
「三好三人衆を倒して、わしを将軍にしろ」
と命じます。義昭の命により、信長が京に入って三好三人衆を倒す大義名分ができあがったのです。
　9月、義昭は上洛を開始します。信長の軍と、信長と友好関係にあった北近江の浅井長政の軍に警護されての上洛です。途中、近江の六角義賢が妨害しますが、信長はそれを難なく撃破します。こうして義昭は無事に京都に到着しました。
　義昭の上洛を見た三好三人衆は、恐れをなして京都から逃げ出します。

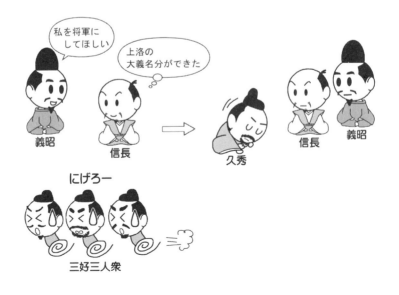

9月30日には14代将軍足利義栄が病で亡くなったこともあり、義昭は10月18日、晴れて室町幕府15代将軍となったのです。

　三好三人衆の京都退却にともなって、彼らによる松永久秀への攻勢も終わります。松永久秀は早い段階で信長と交信していました。三好三人衆がそのまま松永久秀を攻め続けると、この戦いに信長が乗り込んでくると考えての撤退でした。

　松永久秀は、早速、信長に降伏します。10月2日には、人質と名器「九十九髪茄子」を差しだして服属の証しとします。

　「俺の兄を殺した人物を許すことができない」

と義昭は言いますが、信長は、

　「三好三人衆の力を封じ込めるには、松永久秀が必要だ」

と義昭を説得、松永久秀を義昭の家臣とします。

　また明智光秀も、義昭と信長双方の家臣となりました。

　義昭は、信長に対して最大級の待遇を用意します。

　10月24日、将軍就任まもない義昭は、信長に「室町殿御父」の称号を与えます。室町幕府再興の最大功労者として信長をねぎらったわけです。さらに義昭は、

　「斯波氏の家督を相続して管領になるか、もしくは副将軍の地位を与えよう」

と言います。

　しかし、信長は、

　「私のような一戦国大名に、それは恐れ多い」

と言って、いずれも固辞します。

　なぜなら信長の野望は、室町幕府のエライ人になることではなかったからです。室町幕府の重職に就けば、自由に動きづらくなってしまいます。

　信長は、

　「その代わりに、まず尾張・美濃と和泉国を領有させていただきたい」

と言います。尾張と美濃はもともと信長の領土ですから問題ありません。

問題は和泉国です。和泉国は三好氏の領土でした。

　義昭は考えます。

　──三好氏の力を弱体化させるにはもってこいだ。

　義昭は、信長を和泉守護に任じます。

　一方、信長は、

「和泉国には堺がある。堺は、日明貿易の港として栄えている。しかも、堺は鉄砲の国内生産地でもある。堺を手に入れれば、天下布武のための財力と武器が確保できる」

と考えていたのです。

　10月26日、義昭の上洛が一段落すると、信長は領国である美濃・尾張に戻ります。このとき、義昭は本圀寺を仮御所としていました。本圀寺は防衛のための施設を持たない普通の寺院でした。

「信長がいなくなった今がチャンス」

と動き出したのが、あの三好三人衆です。

❖ 1569（永禄12）年　【義昭33歳】

　翌1569（永禄12）年1月5日、三好三人衆は、本圀寺を襲います。そこにはなんと、信長に追われて流浪の身となっていた斎藤龍興の姿もありました。斎藤龍興は信長に反旗を翻して以降、三好三人衆とつながっていたのです。しかも、このときの斎藤龍興、以前の酒と女にあけくれたボンクラではなく有能な武将へと変貌していたのです。

　一方の本圀寺には、義昭の家臣となった明智光秀らわずかの軍勢。猛攻する三好三人衆と斎藤龍興に対して、寺はなんとか持ちこたえましたが、防戦するのが精一杯。

　日も暮れたこともあって、三好三人衆は兵を収め、明日に備えることにしました。

　翌1月6日。

本圀寺襲撃の報を聞いた、北近江の浅井長政、細川藤孝や三好義継といっ
た反三好三人衆の軍勢が大挙して本圀寺に集結します。

恐れをなした三好三人衆は退却しますが、桂川のあたりで追いつかれ、
そこで合戦となりました。三好三人衆はあくまでも義昭を暗殺して形勢を
有利にしようと考えていただけにすぎません。合戦をおこなえるだけの兵
力ではなかったのです。その結果、三好三人衆は総崩れ、斎藤龍興も敗走
していきました。

信長は、1月6日、岐阜城で本圀寺襲撃の報を聞きます。当日は大雪だっ
たため、家臣は出立をするべきではないと信長を説得。しかし信長はそれ
を聞かず、わずか10騎足らずの伴を率いて出立します。信長は通常3日
かかるところを、わずか2日で駆け抜け、1月8日に本圀寺に到着します。
あまりにも厳しい行軍であったため、信長の配下の者に数人の凍死者が出
たほどでした。

本圀寺の襲撃事件をきっかけに、信長は烏丸中御門第の整備を命じます。
ここは、義昭の兄・足利義輝が拠点を置いた場所でもあります。ここに二
重の水堀と高い石垣を擁する御所を造らせたのです。これがのちの二条城
です。二条城が完成し、室町幕府は名実ともに再興されることとなったの
ですが、ここで義昭には次の野望が生まれてくるのでした。

姉川の戦い

越前

近江

摂津　山城

延暦寺

第4幕

延暦寺燃ゆ

浅井・朝倉氏の野望

 信長などの動き　　　　　　 浅井氏の動き

1. 浅井氏の展開（1542 ～ 1568）

	浅井亮政、北近江の 長政の祖父 実権を握る 京極氏を押さえ込む
六角氏・斎藤道三、北近江を攻める ↓ 浅井氏、朝倉氏と同盟を結ぶ	←

1542
（天文 11）

浅井亮政の死（享年 52）
↓　子
浅井久政が家督を継承

1545
（天文 14）

浅井長政誕生
　浅井久政の子

1559
（永禄 2）

長政、元服（15 歳）
六角氏の家臣の娘を娶る
六角氏から賢政の名

1560
（永禄 3）

野良田の戦い（〇 浅井長政 VS 六角氏 ✕）──→ 浅井久政を
　　　　　　　　　　　　　　　　　　　　　　竹生島に追放

↓

信長、浅井氏との同盟を求める
浅井氏は朝倉氏との同盟から躊躇

※ 桶狭間の戦い

長政、
家督を継承（16 歳）←

六角氏の家臣の娘と離縁
六角氏の名前も返上

1567
（永禄 10）

信長、美濃を攻略
　　└→ 信長、六角氏と和解 ──→ 長政、信長と同盟（22 歳）
　　　　　　　　　　　　　　　　お市の方を娶る
　　　　　　　　　　　　　　　　長政を名乗る

信長は、「朝倉氏と戦わない」と約束 ←

1568
（永禄 11）

六角氏、信長に反旗
　　└→ 信長、六角氏を破る

室町幕府の動き  朝倉氏の動き

2. 朝倉氏の展開 （1533 ～ 1568）

応仁の乱 ────────→ 朝倉敏景、斯波氏を下剋上
                     義景の祖父

                     ↓

                     一乗谷 （城下町） の繁栄

朝倉義景誕生
朝倉孝景の子

朝倉孝景の死 （享年 56）

義景が家督継承 （16 歳）

義景と名乗る （20 歳）
足利義輝より義の字を賜る

朝倉宗滴の死 （79 歳）
朝倉家の名参謀

足利義輝、三好三人衆に
殺される

足利義昭、六角氏のもとに身を寄せる

六角氏、三好三人衆に寝返る　　阿君丸 （義景の嫡男） の死

足利義昭、越前に逃れる ────→ 義景、上洛を決断できず

足利義昭、信長を頼り上洛 ←──── 義景、遊興にふける

足利義昭、義景に上洛を
命じる ────────────→ 義景、上洛命令に応じず

第**4**幕　延暦寺燃ゆ

室町幕府再興を願った足利義昭と、天下布武を掲げた織田信長。

　まったく異なる思惑を持った両者は対立を深めていきます。ここで簡単にお話しすると、足利義昭は、北近江の浅井氏、越前の朝倉氏、そして比叡山の延暦寺勢力を味方につけて、信長に真っ向から対立する姿勢を示していくのです。

　それではなぜ、浅井氏と朝倉氏は、信長と対抗するようになったのか。そのあたりのお話をはじめていきましょう。

　浅井氏は、もともと近江の国人でした。国人とは地元に土着した武士のことです。北近江はもともと京極氏の領土でしたが、浅井長政の祖父である浅井亮政（あざいすけまさ）が、京極氏を押さえ込んで北近江の実権を握りました。

　これぞ、まさしく下剋上。

　しかし、浅井氏は安泰ではありません。この下剋上に目をつけたのが、南近江の六角氏でした。六角氏は、

「京極氏が弱くなった今こそ、北近江を奪うチャンス！」

と、北近江を攻めてきます。さらには、あの「美濃のまむし」斎藤道三も

北近江にちょっかいを出しはじめます。北近江は、まさしく戦乱状態。

これに対して浅井氏は、

「越前の朝倉氏と同盟関係を結ぶことで、この難局を乗り切ろう！」

と考えました。ここに浅井氏と朝倉氏の同盟関係が生まれることになるのです。

❖ 1542（天文 11）年

1542（天文 11）年、浅井亮政が亡くなると、浅井長政の父・浅井久政が家督を継ぎます。しかし、この浅井久政、まったく覇気のない人物。その結果、浅井氏の周辺環境はますます悪くなっていきます。

❖ 1559（永禄 2）年 【長政 15 歳】

浅井久政はこの状況を打開しようとします。

1559（永禄 2）年、自らの嫡男である新九郎が元服すると、六角氏の家臣の娘を娶らせるのです。さらに新九郎には六角氏の当主である六角義賢の「賢」の字を取って賢政と名乗らせるのです。

この賢政こそ、のちの浅井長政。このとき、長政 15 歳。

しかし、家臣たちは、この浅井久政のやり方に不満を持ちます。

「これではまるで、浅井氏が六角氏の家臣になったようだ。久政公はなんて腰抜けなのだ」

当の長政も、

「親父はなんて不甲斐ないんだ！」

「このまま六角氏の操り人形の人生なんかイヤだ！」

と憤ります。長政の家臣たちも、

「覇気のないお父さまではなく、浅井家は息子に任せたい」

と思うようになっていくのです。

❖ 1560（永禄 3）年 【長政 16 歳、信長 27 歳】

そのような中、六角氏の家臣であった高野備前守が浅井氏に寝返りま

す。元服した浅井長政に期待しての行動です。寝返られた六角氏、もちろん怒ります。六角氏はすぐさま高野備前守の居城である肥田城（滋賀県彦根市）を攻めます。

　これを聞いた長政、早速兵を率いて高野備前守の救援に向かいます。その軍勢1万1000人。わずか16歳の長政にこれだけの軍勢がついてきたことも驚きなのですが、実は迎え撃つ六角氏の軍勢はなんと2万5000人もいたのです。

　「16歳の若造に何ができる！」

　六角氏は、野良田（滋賀県彦根市）の地で、浅井軍を迎え撃ちます。

　圧倒的な軍勢と合戦慣れした六角氏は、浅井軍をこてんぱんにやっつけます。

　しかし、浅井軍には執念がありました。

　「六角氏の子分なんかになりたくない！」

　緒戦の勝利に油断していた六角氏に、浅井氏は猛烈な反撃をしかけます。そしてとうとう六角氏は浅井氏の執念の前に敗れ去ったのです。

　この戦いを野良田の戦いと言います。1560（永禄3）年8月、つまりは信長が桶狭間で勝利を得た2ヶ月後のできごと。浅井長政も信長と時を同じくして、戦国大名としての華々しいデビューを飾ったのです。

　「やはり、浅井家の当主は長政さまだ！」

　家臣たちは、浅井久政を琵琶湖に浮かぶ竹生島に追放。隠居に追い込み、

長政に家督を継がせたのです。

　晴れて当主となった長政は、「賢政」の名を返上するとともに、六角氏の家臣の娘も六角氏のもとに送り返してしまいます。完全なる六角氏から決別です。

　ま、このあと、浅井長政は、戦国一の美女と呼ばれるお市の方と結婚することになるのですから、お市の方を一目見た時長政は、

　――あのとき、六角氏の家臣の娘を返しておいて良かった～

と、心の中でガッツポーズを取ったかもしれません。

　あっ、少し筆が走りすぎました、失敬。

「美濃の斎藤氏を倒すため、なんとか北近江の浅井氏を味方につけたい」

　この頃から、信長のラブコールがはじまります。しかし長政は、この誘いに躊躇します。なぜなら当時、朝倉氏が、織田氏と領土でもめていたからです。浅井氏と朝倉氏は、祖父・浅井亮政の頃からの同盟関係。つまり織田氏と同盟を組むことは朝倉氏との同盟関係を破棄することも意味したからです。

　――信長と結べば、たしかに北近江は安泰かもしれない。しかし、朝倉
　　を敵に回すわけにもいかない。

　長政は悩みます。

❖ 1567（永禄10）年　【長政23歳、信長34歳】

　そんな中、1567（永禄10）年、信長が美濃を攻略します。美濃の斎藤氏がいなくなったことで、信長の矛先は南近江の六角氏と北近江の浅井氏に向かうことに。

　信長は、浅井氏に対してこうまで言ってくるのです。

「わしと同盟を組んでくれれば、朝倉氏と戦わないことを約束しよう」

　しかも、南近江の六角氏は、早々と信長と和解してしまいます。

　すると、この前まで敵対関係にあった六角氏までもが、浅井氏に対して信長との同盟を強くすすめてくるのです。

第**4**幕　延暦寺燃ゆ

　——この要求を呑まなければ、六角氏だけではなく信長も敵に回すこと

　　となる。しかも信長は「朝倉氏とは戦わない」と約束してくれている。

　長政は、ようやく信長との同盟に応じます。

　9月、長年のラブコールがやっと叶った信長は、自らの自慢の妹である
お市の方を長政に嫁がせます。戦国一の美女が長政のもとに嫁ぐことに
なったのです。それだけではありません。当時のしきたりでは、妻を娶る
側が婚礼資金を負担するものだったのですが、信長は、婚礼資金をすべて
負担してきたのです。

　名古屋人の信長のことです。さぞや結婚式も派手なことだったでしょう。
ここで長政は、信長の「長」の字をとって浅井長政と名乗るようになった
のです。

❖ 1568（永禄11）年　【長政24歳、信長35歳】

　翌1568（永禄11）年、信長が足利義昭を上洛させる際、六角氏が急に反
旗を翻しました。これに対して六角氏を難なく打ち破りました。浅井氏の
宿敵であった六角氏の勢力は後退し、浅井氏の支配は安泰、であるかのよ
うに見えました。

　しかし、このあと、浅井氏は、越前の朝倉氏とのしがらみから、運命に
もてあそばれることとなるのです。

　一方の越前の朝倉氏について。

朝倉氏は、越前の守護斯波氏の守護代でした。織田氏も斯波氏の守護代出身ですから、同じ斯波氏の守護代同士というわけです。

一介の守護代にすぎない朝倉氏が戦国大名にのし上がっていく契機となるのが、朝倉義景の曾祖父の朝倉敏景の代のこと。朝倉敏景は、斯波氏を下剋上して戦国大名となっていきました。

朝倉義景の父の朝倉孝景の代になると、圧倒的な軍事力を背景に、城下町である一乗谷は、戦国時代とは思えないほど平和な町となります。その結果、戦乱で荒廃した都から多くの貴族や文人がこぞって一乗谷に逗留するようになり、一乗谷は一大文化都市を形成していくのです。この成り立ちには、朝倉氏の家臣で朝倉家の参謀役でもあった朝倉宗滴の力がありました。朝倉宗滴の見事な領国運営が、越前を安泰な土地にしたのです。

❖ 1548 ～ 52 (天文 17 ～ 21) 年 【義景 16 ～ 20 歳】

1548（天文 17）年、父の朝倉孝景が亡くなり、朝倉義景が家督を継ぎます。この頃は延景と名乗っていましたが、4 年後の 1552（天文 21）年、室町幕府 13 代将軍足利義輝より「義」の字を与えられて義景と改名します。父の朝倉孝景は将軍と密接な関係を持っていたため、このように将軍の名を 1 字賜ることができたわけです。

❖ 1555 (弘治元) 年 【義景 23 歳】

1555（弘治元）年 9 月 8 日、朝倉宗滴が亡くなります。享年 79。朝倉貞景、孝景、義景と 3 代にわたって朝倉家を支えてきた名参謀がここで息を引き取ったわけですが、この朝倉宗滴の死が、このあとの朝倉氏の命運を大きく変えていくことになるのです。

❖ 1565 (永禄 8) 年 【義景 33 歳】

10 年後の 1565（永禄 8）年 5 月 19 日、13 代将軍足利義輝が、三好三人衆らによって暗殺されます。7 月 28 日には、当時、三好三人衆に命を狙われていた足利義輝の弟の覚慶（のちの足利義昭）が幽閉先である奈良の

興福寺を脱出して近江の六角氏のもとに身を寄せます。当主である義景にもコンタクトを取っていたといわれています。

　しかし、この六角氏が間もなく、将軍義輝を暗殺した三好三人衆に寝返ってしまうのです。足利義昭は越前に逃れます。以前から将軍家と親交の深い朝倉氏を頼ってきたわけです。越前に移った足利義昭は、義景に対して再三にわたって上洛を促すようになっていきます。しかし、義景は足利義昭の要請になかなか応じようとはしません。

❖ 1568（永禄 11）年　【義景 36 歳】

　1568（永禄11）年6月、義景の嫡男である阿君丸が亡くなります。義景は、ますます重い腰を上げようとしなくなります。そこで、先にお話ししたように、足利義昭は明智光秀を頼って信長のもとで上洛することとなるのです。

　もし、ここで朝倉義景が積極的に動いていれば、足利義昭上洛のイニシアチブを義景が握っていたかもしれません。

　「このとき、参謀役の朝倉宗滴がまだ生きていれば、どのような判断を下していただろう」

　このようなことに思いを馳せるのも、歴史を楽しむロマンと言えます。ともあれ、「たられば」のないのが歴史の世界。時計の針はどんどん先に進んでいきます。

　この頃、義景は、すっかり遊興にふけるようになります。政務は一族に任せっきりになっていました。駿河の今川氏真もしかりですが、優秀な戦国大名が強固な国を築いて、そこに京を逃れた公家たちが集まってくるようになると、子どもたちがボンクラになってしまうのは世の常のようです。

　同年9月、足利義昭を奉じて信長が上洛します。そして義景に対して上洛を命じました。信長は、将軍足利義昭の命令としてこの命令を出すのです。しかも2度も。しかし、義景はこの命令に応じようとはしません。なぜでしょうか。

これは、たしかに将軍が出した命令ではありますが、実質的にこの上洛命令を発しているのは信長です。

　──この上洛命令を呑むことは、信長に従うことを意味する。

　将軍家とも密接な関係をもっていてプライドの高い義景としては、これはどうしても呑めなかったのです。また、上洛することで朝倉軍が長期間本国を留守にすることにも不安がありました。

　一方の信長、何が何でも朝倉氏を服属させる必要がありました。なぜなら朝倉氏のいる越前の地は美濃と京の北部に位置します。信長の居城である岐阜城のある美濃と京を寸断させるには格好の場所。朝倉氏との関係をはっきりさせないことは、信長にとって大きな不安要素だったのです。

　──朝倉氏との件に早く決着をつけたい。

　信長の気は逸ります。

　しかし、ここで信長の前に大きく立ちはだかるものがありました。それは信長と浅井氏が結んだ同盟です。信長は、浅井氏と同盟を結ぶ際に、

「朝倉氏と戦わない」

という約束をしています。ですから、朝倉氏を攻めるわけにもいきません。

　困った信長。しかしここで大きな決断に踏み切るのでした。

姉川の戦い　1570（元亀元）年4月20日〜6月28日

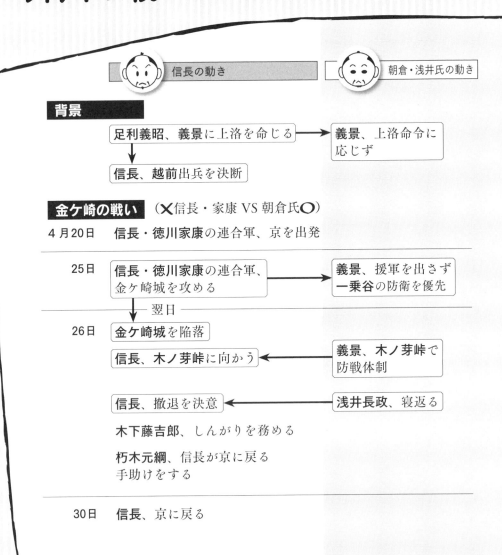

信長の動き

朝倉・浅井氏の動き

背景

足利義昭、義景に上洛を命じる　→　義景、上洛命令に応じず

↓

信長、越前出兵を決断

金ケ崎の戦い（✕信長・家康 VS 朝倉氏◯）

4月20日　信長・徳川家康の連合軍、京を出発

25日　信長・徳川家康の連合軍、金ケ崎城を攻める　→　義景、援軍を出さず一乗谷の防衛を優先

──翌日──

26日　金ケ崎城を陥落

信長、木ノ芽峠に向かう　←　義景、木ノ芽峠で防戦体制

信長、撤退を決意　←　浅井長政、寝返る

木下藤吉郎、しんがりを務める

朽木元綱、信長が京に戻る手助けをする

30日　信長、京に戻る

信長の動き　　　　 朝倉・浅井氏の動き

姉川の戦い （〇信長 VS 浅井・朝倉氏✕）

6 月18日　　信長、岐阜を出立

21日　　信長、虎御前山に陣を構える
　　　　　　小谷城の城下町を焼き払わせる

24日　　信長、龍ケ鼻に陣を移す　　　朝倉軍、浅井軍に合流
　　　　　　徳川家康、信長に合流

28日　　姉川の戦い
　　　　　（信長・家康 VS 浅井・朝倉）　　→　藤堂高虎の大活躍
　　　　　　榊原康政、浅井軍を　　　　　　　浅井・朝倉軍、敗走
　　　　　　側面より攻める

　　　　　　信長、横山城を占領。
　　　　　木下藤吉郎を城番に

　信長の上洛要求を2度も拒否した朝倉義景。

　年が変わって1570（元亀元）年になると、信長はついに堪忍袋の緒が切れます。

　「朝倉義景に謀反の意志あり！」

信長は、越前出兵を決断します。信長はあくまでも「将軍の命に背いた」という大義名分で立ち上がるのです。「将軍の命だから、浅井長政も納得してくれるだろう」という思いもあったかもしれません。

［4月］

　4月20日、信長と徳川家康の連合軍は、京を出発します。その数3万。その軍勢の中には、あの松永久秀の姿も。あれだけ信長を翻弄しながら、ちゃっかり信長の重臣面をしているのですから大したタマです。

　4月25日、織田・徳川連合軍は、朝倉義景領に侵攻。ここに金ヶ崎の戦いの火ぶたが切られるのです。

　翌26日、織田・徳川の連合軍は、金ヶ崎城に籠城していた朝倉景恒を、圧倒的な兵力で降伏させます。朝倉景恒が1日で降伏した背景には、圧倒的な兵力差もあったのですが、それ以外にも理由が。それは肝心の朝倉義

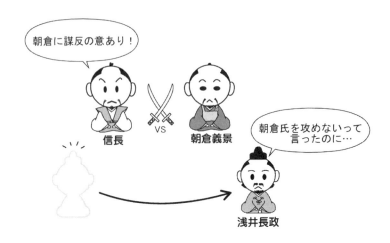

景が金ヶ崎城に援軍を出さなかったからなのです。朝倉義景は金ヶ崎城の先にあった木ノ芽峠一帯で防戦体制を整えていたのです。木ノ芽峠一帯は戦線が狭く、防御に非常に向いた土地。朝倉義景は、

　　——信長軍の一乗谷進出をなんとしてもくい止めよう。そのためには木ノ芽峠の防衛を盤石にすることが先決。

　と考えたのです。

　「目指すは、朝倉義景のいる木ノ芽峠！」

　信長は意気込みます。しかし、信長はあくまでもばくちを打たないタイプ。朝倉に確実に勝てるだけの圧倒的な兵力をもって迫っていきます。

　しかし、ここで、信長の耳にウソのような一報が。

　「浅井長政が寝返りました！」

　信長は、これを信じませんでした。

　浅井氏とは同盟関係。可愛い妹であるお市の方を嫁がせている。しかも、今の信長は、圧倒的な軍事力で、まさしく飛ぶ鳥を落とす勢い。浅井長政だって絶対、信長についたほうが良いと考えるはず。

　「浅井が、この信長に逆らうはずがない！」

　信長は信じようとしません。しかし、その後も次から次へと、浅井が信長を裏切ったとの情報が。

　そうこうしているうちに、信長軍はとうとう木ノ芽峠の目前に到着してしまいました。そこには朝倉氏の軍勢が待ち構えています。

　　——このまま前進すれば、木ノ芽峠で浅井と朝倉に挟み撃ちにされる！

　信長は、すぐさま叫びます。

　「撤退！」

　決断すると早い信長。

　信長が撤退するとの情報は、すぐに朝倉軍に入ります。

　これを聞いた朝倉軍、早速追撃をはじめるのです。

　信長、絶体絶命のピンチ。このとき、

　「金ヶ崎城でしんがりを務めます」

と買って出たのが、のちに豊臣秀吉となる木下藤吉郎と、あの明智光秀で

す。

　──信長公をはじめ、重臣を一人でも失ってはならない！

　木下藤吉郎と明智光秀は、朝倉軍に猛然と迎撃をはじめます。

　その隙に、信長らは越前から京へ逃れます。

　しかし、ここでも一つの関門が。

　信長は、浅井氏の軍勢を避けるため、若狭国を経由して京に戻ろうとしました。しかし途中には、近江の豪族・朽木元綱の所領が。この朽木元綱、幕府の直轄軍である奉公衆でしたが、一方で浅井氏からも知行を受けていた人物。

　──朽木は浅井氏に寝返るかもしれない。

　その不安にさいなまれながら、信長は朽木の所領に向かいます。すると、朽木元綱本人が、信長の前に出てきたのです。

　朽木元綱は、突然信長にひざまずき、

「私は奉公衆。つまりは将軍さまの家臣にございます。ですから、将軍さまの命を受けた信長公をお守りするのが私の務めでございます」

と言って、信長が京に戻るのを手助けしたのです。

　実はこれには、あの松永久秀の口添えがあったのです。松永久秀が、朽木元綱に、

「今、浅井に寝返ることは得策ではない」

と説得したのです。さすが、時宜を見る才に長けた松永久秀。

　4月30日、信長は、やっとのことで京に戻ってきます。今回の撤退では、松永久秀の口添えももちろんですが、木下藤吉郎がしんがりを務めた結果、織田軍の被害は最小限にくい止められたことも大きな功績でした。そこで、木下藤吉郎には、黄金数十枚が与えられたのでした。

　では、浅井長政はなぜ信長を裏切ったのか。

　信長は、浅井氏と同盟を結ぶ際に、

「朝倉氏は攻めない」

と約束しました。つまり、今回の朝倉攻めは、その約束を反故にしたとい

うわけです。もちろん、信長にも言い分はあります。

「朝倉氏は、将軍の上洛要求を拒否した。つまりは室町幕府に逆らったから攻めたのだ」と。

しかし浅井長政は、古くからの朝倉氏との関係を優先させたのです。もちろんそれは、

——この朝倉攻めは、将軍のご意向ではない。あくまでも信長の勢力拡大のための戦いだ。

と考えたからでもありました。

この戦いについては、あの有名な「お市の小豆袋」の話が残っています。浅井長政のもとに嫁いだ信長の妹であるお市。

夫・浅井長政から、突然、信長と袂を分かつことを聞いたお市は、頭を悩ませます。

——お兄さまには死んでもらいたくない。だからといって夫である長政とお兄さまが、今ここで戦ってもらいたくない。

一計を案じたお市、陣中見舞いとして兄・信長に「小豆袋」を贈ります。お市からの陣中見舞いを受け取った信長。この小豆袋の尋常ではない形を見て不思議に思います。お市が贈った小豆袋はなぜか両端が紐でしっかりと結ばれているのです。これを見た信長は、お市の心中を察します。

信長はやおら、

「すぐに撤退するぞ！」

と命じました。なぜ信長は、撤退を決めたのか。

信長は、この小豆袋にお市のメッセージを汲み取るのです。そのメッセージとは、

「信長さまは、今、袋のネズミでございます」

ということ。つまり一方の紐が朝倉、もう一方の紐が浅井で、中に入っている小豆が信長ということ。

しかし、この話は、一般的に俗説であるといわれているので、本編の中ではお話ししませんでした。

京に戻った信長。

その後、岐阜に戻り、浅井長政討伐の準備に取りかかります。もちろん浅井長政も来るべき信長の来襲に備えます。

[6月]

6月19日、信長は岐阜を出立。

6月21日、長浜（滋賀県長浜市）にある虎御前山に陣を構えた信長は、浅井長政のいる小谷城の城下町を焼き払わせます。

6月24日、龍ケ鼻に陣を移します。ここは姉川を挟んで小谷城と目と鼻の先。ここで、織田軍に徳川家康が合流します。これで、いつもの信長の「圧倒的な兵力」が完成するわけです。信長は慎重な人間。ゼッタイ勝てると確信が持てたときにだけ動き出す男。つまりは、信長が動き出す準備が今まさに整ったという次第。

一方の浅井軍も、朝倉軍8000が合流。兵力が13000となり、信長の侵攻に備えます。

6月28日未明、いよいよ戦闘がはじまります。姉川の戦いです。

兵力差はあるものの、浅井軍にとっては勝手知ったる地の利のある場所。猛然と攻撃を仕掛けていきます。先鋒は磯野員昌。磯野は、織田軍の13段構えの備えのうち11段までも崩す猛攻を見せ、織田軍はこのとき敗走の準備をはじめたという逸話も残されています。

また、このとき、まだ15歳の名もなき足軽が、姉川の戦いで大活躍し、浅井長政より感状を賜ります。この人物こそ、のちに秀吉、家康に仕え、関ヶ原の戦いのあと、32万石の大大名となった、築城の名手藤堂高虎です。彼はこの姉川の戦いで華々しいデビューを飾ったわけです。

さて、猛攻を見せる浅井軍ですが、対する織田側で活躍するのが徳川家康です。

徳川家康は、猛攻を見せて奮い立つ浅井軍を見て分析します。

——陣形が延びきっている。

浅井軍は猛攻を続けるあまり、前のめりになってしまっていたのです。

「側面を攻めろ！」

陣形が延びてしまうと、固まっている状態に比べて側面の守りが薄くなります。そこに徳川家康は目をつけたのです。

徳川家康の側近であった榊原康政は、浅井軍を側面から猛然と攻め立てます。その結果、援軍に来ていた朝倉軍は敗走。続いて浅井軍も敗走してしまいます。この榊原康政ものちに、家康のもとでみるみる頭角を現し、徳川四天王に数えられるまでになり、上野国館林藩主となる人物です。

姉川の戦いの合戦場付近には、「血川」や「血原」といった地名が残っていますが、この地名によって姉川の戦いの激戦ぶりをうかがい知ることができます。それほど壮絶な戦いであったというわけです。

信長は、小谷城の目前まで迫りますが、小谷城を一気に落とすことは難しいと考え、姉川の近くにあった横山城を占領。そこに木下藤吉郎を城番として置きました。

それではなぜ、信長は一気に小谷城を攻めなかったのでしょうか。

そこには、畿内で起こっていたもう一つの対立があったのです。

石山戦争勃発 1570（元亀元）年6月〜9月23日

	信長の動き		三好三人衆の動き

6 月	姉川の戦い ─────────→	三好三人衆、信長に反旗

7 月21日		三好三人衆、摂津中嶋に進軍
		野田城・福島城を築城

8 月17日		三好三人衆、挙兵
		古橋城を陥落

20日	信長、岐阜を出立 ↓ 本能寺で兵を集める	

26日	信長、天王寺に布陣（兵力4万）	三好三人衆（兵力8000）

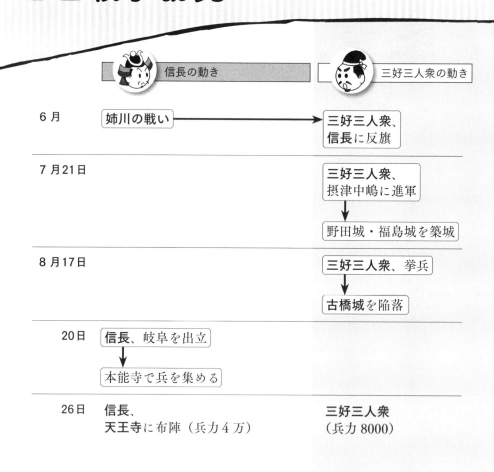

 信長の動き	三好三人衆の動き

9月8日 信長、松永久秀に浦江城を攻略させる

9月12日

| 根来・雑賀衆（鉄砲衆）、信長を援軍（兵力2万） | → | 三好三人衆、和平を申し入れ |

↓

信長、和平に応じず

| 石山戦争のはじまり | ← | 石山本願寺、信長に牙をむく |

13日

| 根来・雑賀衆、水攻めに遭い壊滅的な被害 | ← | 三好三人衆、織田軍の堤防崩す |

16日 浅井・朝倉の連合軍、近江を出立

19日 延暦寺、浅井・朝倉の連合軍に加勢

20日

宇佐山城を、浅井長政が陥落させる

↓

浅井・朝倉の連合軍、京に向かう

23日

| 信長、野田城・福島城から撤退 | ← | 根来・雑賀衆、石山本願寺に寝返る |

❖ 1570（元亀元）年

［6月］

姉川の戦いがはじまると、信長の主力軍は京を離れ、近江の姉川の地に集結しました。

これを好機と捉えたのが、三好三人衆。信長が上洛した際に、京を追われた三好長逸・三好政康・岩成友通の3人です。

三好三人衆は、信長の守りが手薄になった摂津池田城（大阪府池田市）に目をつけます。

このときの摂津池田城主は池田勝正。信長の庇護を受けて池田城主となった人物です。

これに対して、本来城主になれるはずだった前藩主の子・池田知正は不満たらたら。

――本来ならば、この俺が池田城主となるはずなのに……

この池田知正に対して、

「謀反を起こそうぜ」

とそそのかしたのが、三好三人衆です。

姉川の戦いの隙を狙って、池田知正と信長の重臣であった荒木村重は、摂津池田城を奪います。信長の守りが手薄な状況を狙ってのこと。しかし、このことは同時に「信長に反旗を翻した」ということも意味するのです。

［7月］

翌7月21日、三好三人衆は、摂津中嶋（大阪市北区）に進軍。野田城・福島城を築城します。当時、大阪の野田、福島のあたりは、周りが海と川に囲まれた島のような地域。三好三人衆がそこに大規模な土木工事をおこなって築城をはじめたのですから、織田軍も警戒をはじめます。

［8月］

翌8月17日、三好三人衆は兵を挙げます。野田城・福島城の戦いのは

じまりです。三好三人衆、まずは古橋城（大阪府門真市）を攻めます。この城は、三好三人衆を討伐する目的で築かれた城。この古橋城に猛然と攻撃を仕掛けた三好三人衆は、あっという間に壊滅させてしまいました。

これを聞いた信長、すぐさま立ち上がります。

8月20日、信長は岐阜城を出立。3000もの精鋭を率いての出陣です。そして京都の本能寺（あの本能寺です）に立ち寄り兵を集めます。ここで信長軍の数は3万にも4万にもなったといわれます。そうです、いつもの「圧倒的な兵力で勝つ」作戦です。戦国時代はまさに「勝ち馬に乗る」ことが良しとされた時代。

「信長が、自らの精鋭3000を率いて立ち上がった。信長は本気で三好三人衆を倒すつもりだ！」

この信長の「本気」を見て、人々が集結していくわけです。これこそ、信長の勝利の方程式。

岐阜城を出立して1週間も経たない8月26日には、信長は、なんと4万あまりの兵を率いて、野田城・福島城と目と鼻の先にある天王寺（大阪市天王寺区）に布陣します。

一方の三好三人衆軍も、阿波、讃岐、淡路などから水軍を中心に次々と援軍を集めます。稲葉山城の戦いで敗れた美濃の戦国大名だった斎藤龍興も参戦します。しかし、三好三人衆の軍勢はどれだけ多く見積もっても8000ほど。

［9月］

9月8日、態勢を整えた信長は動きはじめます。まずは松永久秀に浦江城を攻略させます。ここは野田城・福島城の西にある城。信長は周囲の城から確実に攻略していくのです。あくまでも冷静な信長。

信長の勢いはまだまだ続きます。

9月12日、なんと紀伊国（和歌山県）から、根来衆・雑賀衆の兵が信長の援軍に来ます。その数2万。根来・雑賀といえば、日本でも有数の鉄砲生産地。そこから、大量の鉄砲衆が援軍にやってきたのです。

鉄砲衆の放つ激しい銃声に、三好三人衆は恐れおののきます。三好三人衆は、まだ信長の真の恐ろしさを知らなかったのです。三好三人衆は慌てて信長に和平を申し入れます。

　しかし、信長は和平に応じようとはしません。信長はこう命じます。

「三好三人衆を徹底的に叩きつぶせ！」

　信長を本当に怒らせてしまうと、どんなことになるかを存分に見せつけようとしたのです。

　しかし、ここで信長に予想もしなかったことが起こります。

「カンカンカンカンカンカンカンカン……」

　9月12日夜半、突如として早鐘が鳴り響きます。

　同時に、三好三人衆軍とはまったく別方向から兵が襲ってきたのです。

　石山本願寺の軍勢です。

　あの石山本願寺が突然、信長に牙をむいたのです。

　しかし石山本願寺は、今回の合戦には中立の立場を取っていたはずです。

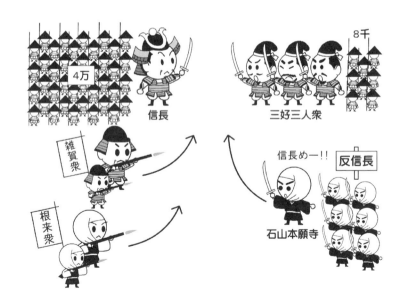

それがなぜ信長に牙をむくことになったのでしょうか。

　信長は、古い秩序や既得権益を心底嫌う男です。

　それは宗教勢力に対しても同じこと。宗教勢力だからといって、税を優遇したり、特権を与えたりといったことは一切許しません。

　信長が上洛し、堺を占領した際も、その考えはまったくブレません。

　石山本願寺の顕如は、この信長のやり方に対して反発を強めており、門徒たちに対して次のような文章をしたためていました。

　「信長上洛は、はなはだ迷惑なこと。上洛以来、信長は我々に対して様々な無理難題をふっかけてくる。もう我慢の限界である。門徒たちよ、身命を顧みず、一致団結するときが来た」

　つまりは、信長に対して我慢の限界が来たら、立ち上がろうという内容の文章です。

　我慢の糸が、根来衆・雑賀衆による鉄砲の攻撃で、「プチン」と切れたというわけなのです。

　ここに、信長にとってはもう一つの大きすぎる敵、つまりは「一大宗教勢力、石山本願寺」というとてつもなく大きな敵が現れました。

　「石山本願寺が加勢したぞ！」

　三好三人衆の志気は一気に上がります。翌13日には、織田軍の陣取っていた場所の堤防を破壊します。この頃の野田城・福島城周辺は、川と海に囲まれた島のような場所。堤防が崩れると同時に、織田軍のほうに一気に海水が流れ込んでいきます。

　鉄砲にとって、水濡れは致命傷。

　水攻めに遭った織田軍、鉄砲衆がまったく役に立たなくなります。

しかも9月16日には、この報を聞いた浅井・朝倉の連合軍が、近江を出立。石山本願寺の挙兵をチャンスと捉えて、信長の背後を狙う算段です。

　それだけではありません。

延暦寺が
こっちについたぞ!!

浅井　　　朝倉

延暦寺

反信長

　9月19日、浅井・朝倉の連合軍に、なんとあの延暦寺の僧兵が加勢するのです。

　延暦寺の僧兵といえば、平安時代の終わり頃、院政で絶大な権力を握っていたあの白河法皇ですら「天下三不如意（＝自分の思いどおりにならないもの三つ）」の一つに挙げていたもの。しかも、残りの二つは、「賀茂川の水の流れる方向」と「サイコロの目」という、人間の力ではどうしようもないものでした。院政以降も、触らぬ神に祟りなしという格言よろしく、

　「延暦寺の僧兵だけには逆らわないようにしよう」

と人々の中で半ばタブー視されていた存在でした。

　その僧兵が立ち上がったのです。

　これは、石山本願寺の顕如の要請でした。

　信長が権力を握ると、我々宗教勢力にとってよくないと考えた石山本願寺と延暦寺が、「反信長」で手を組んだのです。

　僧兵とはじめて戦闘をまみえることとなった織田軍。僧兵の強さはもちろんのことですが、それ以上に、

　「延暦寺の僧兵が、信長に反旗を翻したぞ！」

と、反織田勢が一気に勢いづいたことこそが、信長にとって大きな痛手で

した。

野田城・福島城にいた三好三人衆も勢いづきます。

さらには、なんと浅井長政本人が、近江にいた浅井軍に加わることに。

近江では、信長の重臣である宇佐山城主の森可成、信長の弟で野府城主の織田信治、そして近江に地盤を持つ青地茂綱らが迎え撃ちますが、織田軍の本隊は野田城・福山城にいるため、その軍勢はわずかに1000。対する浅井・朝倉・延暦寺の連合軍は3万あまり。この軍勢が、北（浅井・朝倉連合軍）と西（延暦寺の僧兵）から近江にいた織田軍を挟み撃ちします。

9月20日、ついに近江の織田軍は打ち倒されます。森可成、織田信治、青地茂綱という3名の重臣が次々と討ち死にする事態となりました。

宇佐山城は、浅井・朝倉軍が京都に入ってこないようにするための、いわゆる「防衛線」。防衛線である宇佐山城を破った浅井・朝倉軍は、兵を京に進めていきます。

「浅井・朝倉軍が京に迫っている」

との報を受けた信長は、9月23日、ついに断腸の思いで野田城・福島城周辺にいた全部隊に対して撤退を命じます。

——野田城・福島城では、楽に勝てるはずだったのに！

信長は、さぞや無念だったことでしょう。

信長は、そのまま近江に向かって兵を進めるのですが、そこでは思いもよらない事態が待っていました。

信長が頼りにしていた根来衆・雑賀衆の姿がないのです。

鉄砲衆がいないのです。

根来衆・雑賀衆は、石山本願寺と同じ浄土真宗の門徒。同じ宗派同士ということで、石山本願寺の挙兵をきっかけに、信長と袂を分かつこととなったのです。

信長が近江に向かうのと時を同じくして、根来衆・雑賀衆は、石山本願寺に入り、ここから10年間の長きにわたって信長を苦しめ続けた、石山戦争の火ぶたが切られることとなりました。

延暦寺焼き打ち 1570（元亀元）年9月23日～
1571（元亀2）年9月12日

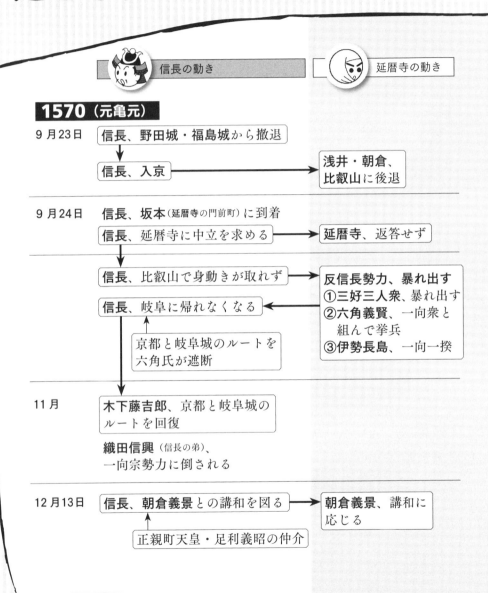

信長の動き　　　　　　　　　　　延暦寺の動き

1570（元亀元）

9月23日　信長、野田城・福島城から撤退

信長、入京　　　　　　　→　浅井・朝倉、
　　　　　　　　　　　　　　比叡山に後退

9月24日　信長、坂本（延暦寺の門前町）に到着

信長、延暦寺に中立を求める　→　延暦寺、返答せず

信長、比叡山で身動きが取れず　→　反信長勢力、暴れ出す
　　　　　　　　　　　　　　　　①三好三人衆、暴れ出す
信長、岐阜に帰れなくなる　←　②六角義賢、一向衆と
　　　　　　　　　　　　　　　　組んで挙兵
　　京都と岐阜城のルートを　　　③伊勢長島、一向一揆
　　六角氏が遮断

11月　　木下藤吉郎、京都と岐阜城の
　　　　ルートを回復

　　　　織田信興（信長の弟）、
　　　　一向宗勢力に倒される

12月13日　信長、朝倉義景との講和を図る　→　朝倉義景、講和に
　　　　　　　　　　　　　　　　　　　　　　応じる
　　　　正親町天皇・足利義昭の仲介

信長の動き	延暦寺の動き

1571 (元亀2)

1月	信長、大坂と越前の陸路と海路を封鎖	→	石山本願寺、六角氏・朝倉氏と連絡取れなくなる
2月	信長、岐阜城と琵琶湖のルートを確保	←	佐和山城、降伏
5月	木下藤吉郎、一向一揆を撃破 信長、伊勢長島の一揆に参加した村を焼き払う	←	一向一揆、姉川を攻める（浅井氏と組んでいた）
8月	信長、小谷城（浅井氏の居城）を攻める		
9月	信長、志村城・小川城を攻略	→	六角氏と組んだ一向一揆の封じ込め
9月11日	信長、近江・坂本に布陣 延暦寺焼き打ちを決断		
12日	信長、延暦寺を焼き打ち	→	延暦寺・日吉神社消滅 延暦寺の僧兵壊滅 延暦寺、武田信玄に助けを求める

第**4**幕　延暦寺燃ゆ

［9月］

　野田城・福島城からの全面撤退を余儀なくされた信長軍は、その日には、京都に入ります。

　その頃、浅井・朝倉の両軍は、京都とは目と鼻の先の醍醐・山科にまで進攻。しかし、

　「信長が京都に入った」

との報を聞いた浅井・朝倉の両軍は、すぐさま比叡山に後退します。

　翌9月24日、信長は京を出発。逢坂（滋賀県大津市）を越えて、比叡山の門前町である坂本に到着します。信長は、すぐさま比叡山を包囲した上で、延暦寺に通告します。

　「延暦寺が我らにつくのならば、ワシが奪った延暦寺の荘園は返してやろう。しかし、どうしてもそれができないのなら、中立の立場を守ってもらいたい。もし、浅井・朝倉に味方するのならば、この延暦寺を焼き打ちにするぞ！」

　これに対して、延暦寺は一切返答しません。

　そのため比叡山に後退した浅井・朝倉の軍勢は、そのまま比叡山に籠城することを余儀なくされました。

　状況は信長にとっても過酷なものでした。延暦寺が一切の返答をしてこないため、信長自身も身動きが取れないからです。つまり、軍勢を引っ込めることができないのです。しかも、摂津では、野田城・福島城の戦いで抑えきれなかった三好三人衆も暴れはじめます。

　それだけではありません。

　「信長が、延暦寺で身動きが取れなくなっているぞ！」

と聞いた各地の反信長勢力が、一斉に活気づきました。

　しかも、それらの勢力は、

　「信長のウィークポイントは宗教勢力だ！」

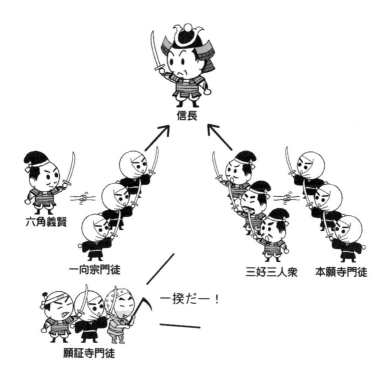

一揆だー！

六角義賢　一向宗門徒　三好三人衆　本願寺門徒　願証寺門徒　信長

と踏んで、宗教勢力と手を結んで動きはじめたのです。

　信長が京都に入るときに打ち破った近江の六角義賢は、地元の一向宗門徒と組んで挙兵し、京都と岐阜城のルートを完全に遮断してしまいます。つまり、信長が岐阜城に帰れないようにしたのです。伊勢長島では、願証寺（がん）の門徒が大規模な一向一揆を起こします。高校の教科書にも登場する伊勢長島の一向一揆です。また、三好三人衆も、石山本願寺のバックアップを受けて、京都に攻め上ろうと図ります。

［11月］

　近江の六角氏征伐を命じられたのは、木下藤吉郎（のちの豊臣秀吉）と丹羽長秀（にわながひで）でした。木下藤吉郎らは、京都と岐阜城のルートを回復させます。しかし、それでも六角氏とのあいだの対立は収まりません。

一方の、伊勢長島の一向一揆衆の勢いもすさまじく、11月21日には、織田信長がもっとも信頼する弟の一人であった織田信興が、一向宗勢の攻撃を受け、討ち死にしてしまいます。

［12月］

浅井・朝倉の籠城は、2ヶ月に及びました。

——このまま膠着状態が続けば、反織田の動きが活発化する一方である。

信長は、正親町天皇と将軍足利義昭を動かして、朝倉義景との講和を図ります。

ただ、この膠着状態が続けば続くほど、浅井・朝倉側は有利になります。また比叡山は、僧侶たちの修行の場ということもあり、ここを攻撃することはタブーです。しかも、大勢の僧侶を抱える施設だけあって食糧や水などの供給も潤沢です。朝倉義景が講和に応じるわけがありません。

と、思っていたら、朝倉義景は、12月13日、信長側の講和をあっさりと受け入れてしまうのです。

なぜ、朝倉義景は講和を受け入れたのでしょうか。

その理由は「雪」。

朝倉義景の領国である越前国は、冬は豪雪に見舞われます。そうなると、本国との連絡が途絶えてしまいます。つまり「いざ」というときに兵を送り込むことができません。

浅井氏も朝倉氏も、もともと比叡山に籠城する予定ではありませんでし

た。信長が京都に戻ってきたから、とりあえず比叡山に身を隠したにすぎません。まさかこの籠城が2ヶ月にも及び、冬を迎えることになろうとは思ってもいなかったのです。しかも、浅井・朝倉両軍は、本国を出発してすでに3ヶ月を迎えようとしていました。

　信長は、これらをすべて計算した上で、講和を申し出たのかもしれません。

　しかし、野田城・福島城の戦いにはじまる一連の戦いの中で、結果的に信長は、弟の織田信治と織田信興、重臣の森可成などを失うことになりました。

　さらには各地で、反織田の挙兵が続き、信長包囲網が一層強くなっていったのです。

　「おのれ、このままにはしておかぬぞ！」

　信長は、強く決意したことでしょう。

❖1571（元亀2）年

［1月］

　信長は木下藤吉郎に、大阪から越前に通じる海路と陸路を封鎖させました。これは石山本願寺が、浅井・朝倉ならびに六角氏と連絡が取れないようにすることが目的です。

［2月］

　このことによって身動きの取れなくなった彦根の佐和山城が降伏します。佐和山城を手に入れた信長は、岐阜城と琵琶湖のルートを確保します。当時の琵琶湖は、日本海交易の主要ルートだったため、ここを確保することは、信長が経済的基盤を確保する上で非常に重要なことでした。

［5月］

　一向一揆が動き出します。まず、浅井軍と組んだ一向一揆が姉川に攻め入ります。これは木下藤吉郎が撃破。さらに信長は、伊勢長島の一向一揆

に参加した村々を焼き払っていきます。

［8月］

　信長軍は、浅井長政の居城である小谷城を攻めます。浅井長政が一向一揆と二度と手を組まないようにするためです。

［9月］

　信長軍は、志村城・小川城(いずれも滋賀県東近江市)を攻略します。ここは、いずれも近江の一向一揆の拠点となっていた城。こうして信長は六角氏と手を組んでいた一向一揆衆の動きを封じ込めるのです。

　このように、一向一揆衆と手を組む大名たち（浅井氏・六角氏）を抑え込んだ信長は、いよいよ9月11日、近江・坂本に布陣します。ここは延暦寺の門前町。ここで軍議が開かれます。信長は言います。

　「比叡山の軍事力を抹殺しないことには、京都の平定は成し遂げられない！」

　しかし、信長の重臣・佐久間信盛（のぶもり）は、諫めます。

　「比叡山は、伝教大師が桓武天皇とともに建立した寺院で、まさしく王城の鎮守とされる城。比叡山の800年の歴史において、これに手を出そうとした者はおりません」

これに対して信長は、

　「そうやって比叡山に誰も手を出さないから、京都の平安はいつまでたっても訪れないのだ！」

と激しく反論。そして、前代未聞の比叡山の焼き打ちが決定するのです。

　重臣・池田恒興は、

　「焼き打ちするなら早朝」

と進言します。信長もその進言を受け入れ、夜中から比叡山の東側の麓を取り囲みはじめます。その数3万。

　もちろん、この動きに延暦寺が気づかないわけがありません。延暦寺は、信長に大量の金槐を送って、攻撃を中止するよう願い出ます。しかし、信

焼き打ちだー！

比叡山を
このままには
しておけない！

信長

長はこの願いに耳を傾けず、金槐を持ってきた使者を送り返しました。

　延暦寺の僧兵たちは、山頂にある根本中堂に集結し、信長との戦闘に備えます。しかし信長は、延暦寺との戦闘は考えていませんでした。あくまでも目的はただ一つ、それは

　「延暦寺焼き打ち」

でした。

　9月12日早朝、信長は延暦寺焼き打ちを命じ、根本中堂を焼き払いました。信長のことを詳しく記した『信長公記』には、

　「僧侶や僧兵住民たち数千人を虐殺した」

とありますが、のちの発掘調査などから、信長が実際に焼いたのは、根本中堂など拠点になる寺院に限られたのではないかといわれるようになりました。なぜなら多くの人たちを虐殺した痕跡や、多くの建物を焼き払った跡が発見されないからです。それなのに、『信長公記』には数千人が虐殺されたと記され、戦国時代の一級資料である『言継卿記』にも3000〜4000人、ルイス＝フロイスの書簡でも1500人が虐殺されたと記されているのです。

　それでは、どうして、のちの世にそれほどまでに残虐に「比叡山の焼き打ち」は語り継がれることとなったのでしょうか。

信長の目的は、

　「延暦寺の軍事力を壊滅させること」

でした。そして、その先にあるものは、

　「宗教勢力を完全に制圧すること」

でした。宗教勢力を完全に制圧するためには、

　「信長は宗教勢力に対して無慈悲である」

というイメージを徹底的に植え付ける必要があったのです。

　そのため、比叡山の焼き打ちを、必要以上に残虐に描くことにより、

　「信長に逆らったらまずい」

といった印象を植え付けようとしたのではということなのです。

　実際、これ以降、一向宗をはじめとした宗教勢力による反発は一時下火になりますし、ルイス＝フロイスの書簡を見た西洋の人たちも、日本の植民地侵略に対して及び腰になったともいわれています。

　この延暦寺焼き打ちに対しては、意外なことに、当時の天皇である正親町天皇や、将軍足利義昭がまったく抗議の声明を出していません。

　「それは信長を恐れたからだ」

という考えがあるのかもしれませんが、信長自身は、朝廷や幕府といった権威に対して、基本的には敬意を示していました。

　また、多くの人々は声には出せないけDOMも、比叡山に対して不満を抱いていました。宗教を隠れ蓑にして、私腹を肥やし権力を振りかざすその有り様に憤りを感じていたのです。

　彼らにとって信長は、その比叡山に対して、鉄槌をふるったヒーローと映っていたのかもしれません。

　延暦寺焼き打ちにより、延暦寺と日吉神社は消滅。すべての人々から恐れられていたあの僧兵も消滅しました。

　追われた延暦寺は、武田信玄に助けを求めます。ここで、いよいよあの「甲斐の虎」が延暦寺復興のために立ち上がるのです。

本幕に登場するおもな地域

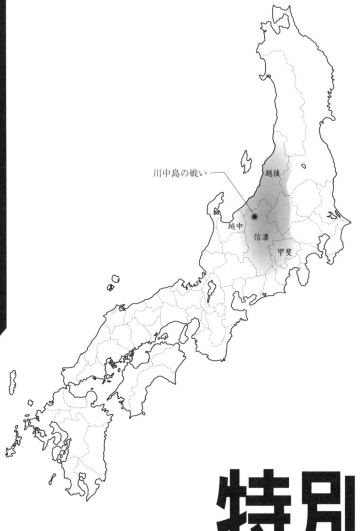

川中島の戦い

越後

越中

信濃

甲斐

特別幕

伝説の一騎打ち

武田氏の野望

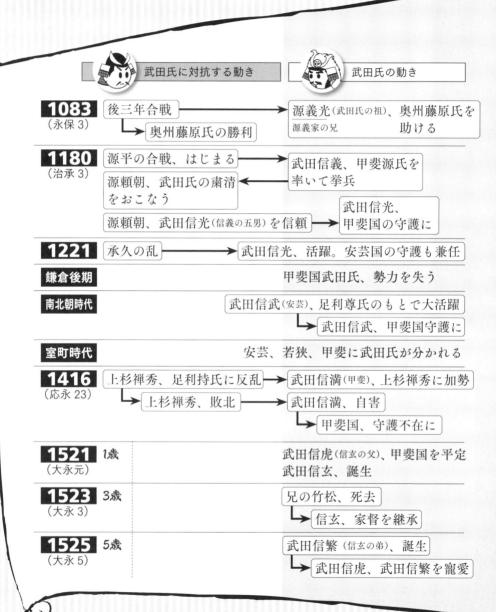

武田氏に対抗する動き	武田氏の動き

1083
（永保3）
後三年合戦 → 源義光（武田氏の祖）、奥州藤原氏を 源義家の兄　助ける
└→ 奥州藤原氏の勝利

1180
（治承3）
源平の合戦、はじまる → 武田信義、甲斐源氏を率いて挙兵
源頼朝、武田氏の粛清をおこなう ←
源頼朝、武田信光（信義の五男）を信頼 → 武田信光、甲斐国の守護に

1221
承久の乱 → 武田信光、活躍。安芸国の守護も兼任

鎌倉後期
甲斐国武田氏、勢力を失う

南北朝時代
武田信武（安芸）、足利尊氏のもとで大活躍
└→ 武田信武、甲斐国守護に

室町時代
安芸、若狭、甲斐に武田氏が分かれる

1416
（応永23）
上杉禅秀、足利持氏に反乱 → 武田信満（甲斐）、上杉禅秀に加勢
└→ 上杉禅秀、敗北 → 武田信満、自害
└→ 甲斐国、守護不在に

1521　1歳
（大永元）
武田信虎（信玄の父）、甲斐国を平定
武田信玄、誕生

1523　3歳
（大永3）
兄の竹松、死去
└→ 信玄、家督を継承

1525　5歳
（大永5）
武田信繁（信玄の弟）、誕生
└→ 武田信虎、武田信繁を寵愛

武田氏に対抗する動き　 武田氏の動き

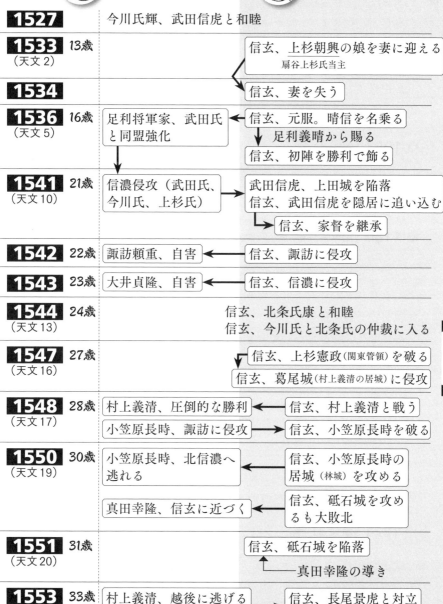

1527　今川氏輝、武田信虎と和睦

1533（天文2）13歳　信玄、上杉朝興の娘を妻に迎える
　　　　　　　　　　扇谷上杉氏当主

1534　信玄、妻を失う

1536（天文5）16歳　足利将軍家、武田氏と同盟強化　信玄、元服。晴信を名乗る
　　　　　　　　　　　　　　　　　　足利義晴から賜る
　　　　　　　　　　　　　　　信玄、初陣を勝利で飾る

1541（天文10）21歳　信濃侵攻（武田氏、今川氏、上杉氏）　武田信虎、上田城を陥落
　　　　　　　　　　　　　　　　　　　信玄、武田信虎を隠居に追い込む
　　　　　　　　　　　　　　　　　信玄、家督を継承

1542 22歳　諏訪頼重、自害　信玄、諏訪に侵攻

1543 23歳　大井貞隆、自害　信玄、信濃に侵攻

1544（天文13）24歳　信玄、北条氏康と和睦
　　　　　　　　　　信玄、今川氏と北条氏の仲裁に入る

1547（天文16）27歳　信玄、上杉憲政（関東管領）を破る
　　　　　　　　　　信玄、葛尾城（村上義清の居城）に侵攻

1548（天文17）28歳　村上義清、圧倒的な勝利　信玄、村上義清と戦う
　　　　　　　　小笠原長時、諏訪に侵攻　信玄、小笠原長時を破る

1550（天文19）30歳　小笠原長時、北信濃へ逃れる　信玄、小笠原長時の居城（林城）を攻める
　　　　　　　　真田幸隆、信玄に近づく　信玄、砥石城を攻めるも大敗北

1551（天文20）31歳　信玄、砥石城を陥落
　　　　　　　　　　　　真田幸隆の導き

1553（天文22）33歳　村上義清、越後に逃げる長尾景虎を頼る　信玄、長尾景虎と対立
　　　　　　　　　　　　　　　　　　　後の上杉謙信

特別幕　伝説の一騎打ち

焼き打ちされた比叡山は、武田信玄に助けを求め、いよいよ信長と対峙することとなります。この幕では、いったん信長から離れて、信長が天下統一を目指すにあたり、絶対に避けては通れない戦国最強の武将、まさにラスボスともいえる武田信玄について、お話をしていきましょう。

　武田信玄は、甲斐武田家の第19代当主です。信玄のときですでに19代というわけですから、名門中の名門といえます。

❖ 1083（永保3）年

　先祖は、清和源氏の一流で河内源氏の源義光。1083（永保3）年に起こった後三年合戦で、弟の源義家とともにあの奥州藤原氏を助けた人物です。

❖ 1180（治承4）年

　1180（治承4）年に起こった源平の合戦でも、当主・武田信義は、いち早く名乗りを上げて、甲斐源氏を率いて挙兵します。しかし、このことが源頼朝の不審を買います。

　——甲斐源氏を生かしておくわけにはいかない。

　源頼朝といえば、危険と思えば、実の弟の源義経ですら死に追いやるような人物。武田氏の一族はことごとく粛清されていきます。

　しかし、武田信義の5男である武田信光だけは、源頼朝から信頼されていました。

　——こいつに謀反の恐れはない。

　そう見込んだ源頼朝は、武田信光を甲斐の守護に任命。そこから、守護武田氏の歴史ははじまっていくのです。

❖ 1221（承久3）年

　武田信光は、1221（承久3）年の承久の乱でも活躍し、安芸国（広島県）の守護にも任じられます。武田信光の子孫は、安芸国と甲斐国の2ヶ国の守護となるわけですが、甲斐国の武田氏は、鎌倉時代後期に力を失っていきます。

鎌倉時代が終わり、南北朝の動乱がはじまると、安芸国の守護・武田信武（のぶたけ）が、足利尊氏（たかうじ）のもとで大活躍をします。その功績により、武田信武は、甲斐国の守護に任じられ、再び武田氏が甲斐国の守護に返り咲きます。

　武田氏は、安芸武田氏、若狭武田氏、甲斐武田氏の3氏に分かれます。

❖ 1416（応永23）年

　しかし、この甲斐武田氏、安泰ではありません。

　1416（応永23）年、鎌倉府（室町幕府が関東支配のために置いた機関）で、関東管領（鎌倉府の長官の補佐役）上杉禅秀（ぜんしゅう）が、鎌倉公方（鎌倉府の長官）足利持氏（もちうじ）に反旗を翻します。当時の甲斐武田氏の当主は13代武田信満（のぶみつ）。武田信満は、上杉禅秀が自分の娘婿であることもあって、上杉禅秀に味方します。しかしこの争いに、将軍が介入して上杉禅秀は敗北。武田信満も自害を命じられ、その結果、甲斐国は守護不在の状況となってしまいました。

　武田信満の子、14代武田信重（のぶしげ）は武田氏復興のため戦います。しかし武田氏復興の道は平坦ではなく、武田氏が再び甲斐守護として、甲斐を統一するのは、信玄の父で18代当主である武田信虎の時代まで待たねばなりません。

❖ 1521（大永元）年　【信玄誕生】

　そして1521（大永元）年、ようやく武田信虎が甲斐国を平定します。
　ちょうどこの年に武田信玄はこの世に生を受けました。
　信玄には、竹松という名の兄がいましたが、この兄はわずか7歳で亡くなります。その結果、信玄が武田氏の嫡男となったわけですが、ここで信玄に最初の大きな試練が訪れるのです。

❖ 1525（大永5）年　【信玄5歳】

　弟の次郎（のちの武田信繁（のぶしげ））が生まれます。すると、父の武田信虎は、

次郎を寵愛するようになります。父の武田信虎は、

「わしの後継は、信玄ではなく次郎にしよう」

と心に決めていたといわれています。そうして、信玄は徐々に父の武田信虎から疎まれることとなっていくのです。

❖ 1533 〜 34（天文 2 〜 3）年 【信玄 13 〜 14 歳】

信玄は、扇谷上杉氏の当主上杉朝興の娘を妻に迎えます。13 歳という年齢からもわかるように、これは政略結婚です。それでも、信玄と奥さんとの仲は非常に良かったといわれています。しかし、この妻は、翌 1534（天文 3）年、出産の際、難産の末、母子ともに命を落としてしまいます。

❖ 1536（天文 5）年 【信玄 16 歳】

16 歳になった信玄は元服。室町幕府 12 代将軍足利義晴から「晴」の字を賜り、「晴信」と名乗るようになります。一介の守護が、なぜ将軍から名を賜ることができたのか。ここには、あの今川氏の力があったのです。

当初、武田氏と今川氏は対立していましたが、信玄の父・武田信虎と今川義元の父・今川氏輝は和睦します。その後は、武田氏と今川氏は同盟関係にありました。その同盟を一層強固にするため、今川氏が将軍に働きかけて「晴信」の名を賜ることが実現したのです。足利将軍家と信玄との関係は、ここから構築されていくのです。

1536（天文 5）年 11 月、信玄は初陣を飾ります。信濃国の佐久郡に侵攻したのです。『甲陽軍鑑』には、信玄が海ノ口城を一夜にして攻め落としたと記されています。

さらに、甲斐を統一した父の武田信虎は、駿河の今川氏、関東管領の扇谷上杉氏、山内上杉氏と同盟を結んで、信濃侵攻を図ります。もちろん、信玄も父の信濃侵攻に加わります。

❖ 1541（天文 10）年 【信玄 21 歳】

5 月 25 日、武田信虎は、諏訪の諏訪頼重、北信濃の村上義清と同盟を

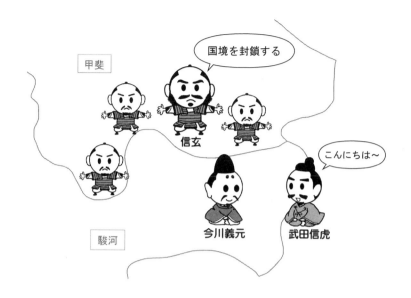

甲斐

国境を封鎖する

信玄

こんにちは〜

今川義元　　武田信虎

駿河

組んで上田城を攻めます。上田城はまもなく陥落。武田信虎は凱旋を果た
します。

　勝利に沸く武田氏ですが、ここで耳を疑うような事件が発生します。

　６月14日、甲斐に戻った武田信虎が娘婿である駿河の今川義元を訪問
するために出立しました。そのとき、信玄が動くのです。

　武田信虎が駿河国に入った瞬間、信玄は、なんと甲斐国と駿河国の国境
を封鎖してしまうのです。これでは武田信虎は帰って来られません。

　さらに信玄は父の武田信虎を、強制的に隠居させてしまいました。

　どうしてこのようなことになったのでしょうか。

　たしかに武田信虎は上田城を陥落させました。しかし、これは諏訪・村
上両氏との同盟関係によるものです。しかも、この同盟関係は、決して対
等なものではなく、戦いの結果、諏訪・村上両氏は、領土の拡張に成功し
ますが、武田氏は、ほぼ戦い損といった感じだったのです。

　――父は、同盟ばかり組んで、周りの大名の顔色ばかりうかがっている。

　　しかも、自分のことを疎んじている。

　　このままでは、武田氏は周囲の戦国大名に良いように利用されるだ

けだ。

信玄はこう考えて、父を隠居に追い込んだともいわれています。

こうして、信玄は21歳で、武田氏の家督と甲斐国守護を継承することとなりました。19代当主武田信玄がここに誕生したのです。

❖ 1542 〜 43 年（天文 11 〜 12）【信玄 22 〜 23 歳】

家督を相続した信玄は、父の軟弱な方針を転換。父が同盟関係を結んでいた諏訪に侵攻します。翌1542(天文11)年6月、信玄は諏訪頼重を捕らえ、甲府に連行、自害に追い込みます。翌1543(天文12)年には信濃国長窪城主・大井貞隆も攻め、自害に追い込みます。

❖ 1544（天文 13）年　【信玄 24 歳】

翌1544（天文13）年には、父の代から敵対関係にあった北条氏康と和睦します。

さらには、今川氏と北条氏の対立の仲裁に入ることで、今川氏と北条氏に貸しをつくります。こうすることで、今川・北条両氏から攻められる可能性をなくすわけです。これによって南の安全を確保した信玄は、信濃侵攻を加速させていきます。

❖ 1547（天文 16）年　【信玄 27 歳】

信玄は、佐久にいた関東管領上杉憲政を大敗させます。
これにより信玄の軍は、村上義清の居城である葛尾城へと迫っていきます。村上義清は、信濃守護・小笠原長時とつながる人物。戦いは、信濃国をめぐる対立へと発展していきます。

❖ 1548（天文 17）年　【信玄 28 歳】

2月、信玄は、いよいよ村上義清と上田原で戦います。しかし、信濃は山深い土地。地の利を生かした村上義清は、圧倒的な勝利を得ます。

7月、これに勢いづいた信濃守護・小笠原長時は諏訪に侵攻してきます。

しかし、信玄にとって諏訪は自らの地の利を生かせる場所。信玄は小笠原長時の軍勢を打ち破ります。

❖ 1550（天文 19）年　【信玄 30 歳】

　7月、信玄はいよいよ信濃守護・小笠原長時の領土へ侵攻します。一方、諏訪侵攻に失敗し、大きな痛手を負っていた小笠原氏には、武田氏に対抗するだけの力はありませんでした。そのため、小笠原氏の居城である林城はあっさりと陥落。小笠原長時は、村上義清を頼って北信濃へと逃れていきました。こうして信玄は、信濃国の中部まで制圧したのです。

　9月になると、信玄は村上義清の支城である砥石城を攻めます。しかし、この砥石城、誰にも落とされたことのない難攻不落の城。この結果、信玄はかつてないほどの大敗を喫してしまいます。

　このとき、信玄のもとに一人の男が近づいてきました。
　その男の名は、真田幸隆。
　あの真田幸村の祖父にあたる人物です。
　真田幸隆は、
　「砥石城を攻略するには、力ずくではなく、地の利を生かさねば」
と、信玄に説きます。真田幸隆は、上田を中心に勢力を持っていた土豪。
　北信濃の地理を知り尽くしている人物でした。

❖ 1551（天文 20）年　【信玄 31 歳】

　4月、真田幸隆の導きで、砥石城を攻めた信玄は、地の利に助けられて、砥石城を陥落させます。
　「あの砥石城が陥落してしまった！」
　村上義清の周辺に動揺が走ります。

❖ **1553（天文 22）年 【信玄 33 歳】**

　4月、信玄の侵攻に恐れをなした村上義清は、突如自らの居城である葛尾城を棄ててしまいます。そして、越後の長尾景虎（のちの上杉謙信）のもとに逃げていきました。

　こうして、あの武田氏・上杉氏宿命の対決である川中島の戦いの火ぶたが切られることとなるのです。

謙信の野望

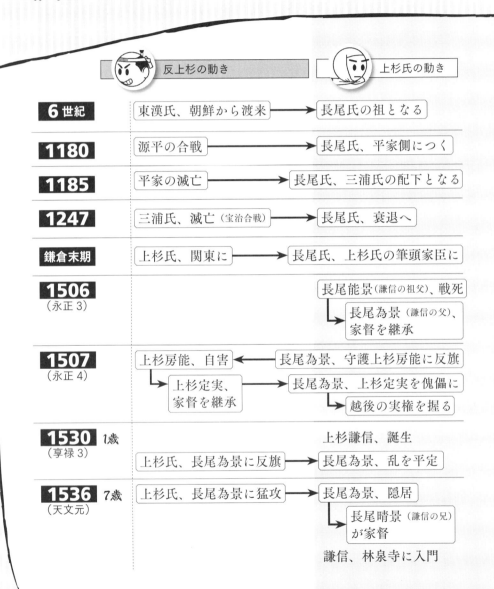

	反上杉の動き	上杉氏の動き
6世紀	東漢氏、朝鮮から渡来 →	長尾氏の祖となる
1180	源平の合戦 →	長尾氏、平家側につく
1185	平家の滅亡 →	長尾氏、三浦氏の配下となる
1247	三浦氏、滅亡（宝治合戦） →	長尾氏、衰退へ
鎌倉末期	上杉氏、関東に →	長尾氏、上杉氏の筆頭家臣に
1506（永正3）		長尾能景（謙信の祖父）、戦死 → 長尾為景（謙信の父）、家督を継承
1507（永正4）	上杉房能、自害 ← → 上杉定実、家督を継承 →	長尾為景、守護上杉房能に反旗 / 長尾為景、上杉定実を傀儡に → 越後の実権を握る
1530（享禄3）1歳	上杉氏、長尾為景に反旗 →	上杉謙信、誕生 / 長尾為景、乱を平定
1536（天文元）7歳	上杉氏、長尾為景に猛攻 →	長尾為景、隠居 → 長尾晴景（謙信の兄）が家督 / 謙信、林泉寺に入門

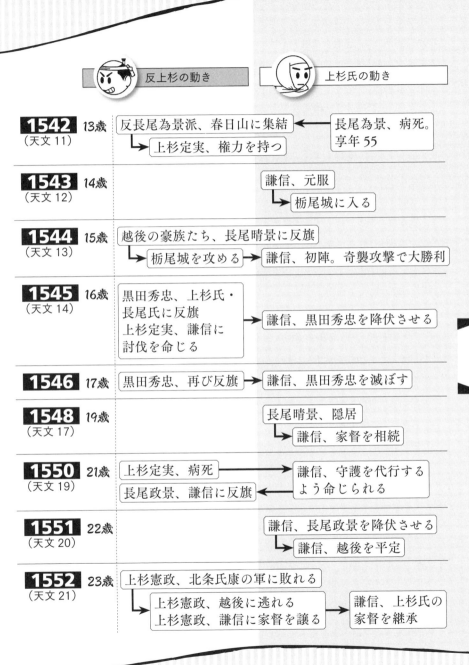

	反上杉の動き	上杉氏の動き
1542 (天文11) 13歳	反長尾為景派、春日山に集結 ← └→ 上杉定実、権力を持つ	長尾為景、病死。 享年55
1543 (天文12) 14歳		謙信、元服 └→ 栃尾城に入る
1544 (天文13) 15歳	越後の豪族たち、長尾晴景に反旗 └→ 栃尾城を攻める →	謙信、初陣。奇襲攻撃で大勝利
1545 (天文14) 16歳	黒田秀忠、上杉氏・ 長尾氏に反旗 上杉定実、謙信に 討伐を命じる →	謙信、黒田秀忠を降伏させる
1546 17歳	黒田秀忠、再び反旗 →	謙信、黒田秀忠を滅ぼす
1548 (天文17) 19歳		長尾晴景、隠居 └→ 謙信、家督を相続
1550 (天文19) 21歳	上杉定実、病死 → 長尾政景、謙信に反旗 ←	謙信、守護を代行する よう命じられる
1551 (天文20) 22歳		謙信、長尾政景を降伏させる └→ 謙信、越後を平定
1552 (天文21) 23歳	上杉憲政、北条氏康の軍に敗れる └→ 上杉憲政、越後に逃れる 上杉憲政、謙信に家督を譲る →	謙信、上杉氏の 家督を継承

特別幕　伝説の一騎打ち

戦国の世において、あまたの武将が群雄割拠する中でも「軍神」として崇め奉られていた男、上杉謙信。上杉氏といえば、室町幕府における関東支配機関「鎌倉府」の長官である鎌倉公方を補佐する関東管領の職を代々世襲する幕府の名門。しかしながら、上杉謙信自身は、この関東管領の家柄ではありません。もともとは長尾景虎と名乗っていました。この長尾氏、関東管領上杉氏が守護を務める越後で、守護代（守護の代理）を務めていた家柄でした。

　しかしこの長尾氏は、関東管領上杉氏よりも、さらに古くからある氏族だったのです。

　長尾氏といえば、東漢氏（やまとのあやうじ）の末裔。東漢氏は、もともとは天皇のもとで書記をおこなう豪族で、6世紀頃に朝鮮半島の百済（くだら）から渡来してきた渡来人の一門です。つまり、1000年以上もさかのぼることのできる名門の家柄なのです。

　源平の合戦では、長尾氏は平家側につきます。しかし平家はまもなく滅亡。すると長尾氏は鎌倉幕府の有力御家人である三浦氏の配下となります。

　しかし、この三浦氏も1247（宝治元）年の宝治合戦で、北条氏に滅ぼされます。長尾氏一族も、そのほとんどが滅ぼされてしまいました。

　わずかな生き残りが、鎌倉時代終わり頃に関東に入ってきた上杉氏の筆頭家臣となります。ここから、上杉氏に仕える長尾氏という構図ができあがるのです。

　上杉謙信は、もともとは長尾景虎と名乗っていたと前に述べました。それでは、そもそも上杉氏の家臣であった長尾景虎が、なぜ上杉氏を名乗るようになったのか、そのあたりのお話を進めていきましょう。

　長尾氏が、越後において力を持つようになるのは、謙信の父の長尾為景（ためかげ）の頃からでした。長尾為景の父、つまりは謙信の祖父にあたる長尾能景（よしかげ）は、守護代として、守護に忠実な人物でした。その能景は1506（永正3）年、守護・上杉房能（ふさよし）の命で赴いた越中の一向一揆平定中に戦死してしまいます。

この結果、長尾家の家督を相続したのが、長尾為景です。

——父は、守護・上杉房能公のせいで犬死にした。

と長尾為景は、考えたのか、守護・上杉房能に公然と反旗を翻します。長尾為景は上杉定実をかついで、守護・上杉房能を自害に追い込んでしまうのです。上杉定実は上杉房能が自らの後継者と決めて自らの養子に迎えた人物でした。

長尾為景は、新しく越後の守護となった上杉定実を傀儡にして、越後国で実権を握ります。しかし、この動きに反発する者は多く、越後国を平定することはできませんでした。

❖ 1530（享禄3）年 【謙信誕生】

そのような中、1530（享禄3）年1月21日、上杉謙信は、越後の守護代・長尾為景の末子として、越後の春日山城（新潟県上越市）に生まれました。

謙信が生まれた享禄3年は波瀾の年でもありました。

享禄3（1530）年10月、上杉定憲という人物を中心に上杉氏が結集、長尾為景に反旗を翻します。この反乱には、上杉氏のみならず長尾氏の一部も参加します。長尾為景は、なんとかしてこの反乱を平定しますが、長尾為景に対する反発は続き、次々と謀叛や戦乱が起こる始末。

❖ 1536（天文5）年 【謙信7歳】

1536（天文5）年8月、これらの反発を跳ね返すことのできなくなった長尾為景はついに隠居し、謙信の兄である長尾晴景が家督を継ぐこととなりました。

このとき、謙信はどうしていたのでしょうか。

謙信は、春日山城の城下にある林泉寺に入門していたのです。

これには二つの理由がありました。

まず、謙信の父である長尾為景は、謙信のことを疎んじていました。そのため、父や兄に対して反発する気持ちがないということを示すために、

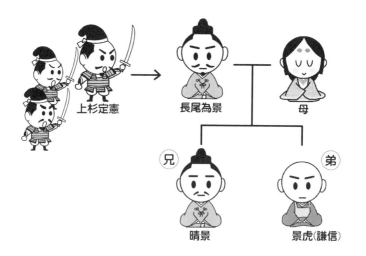

上杉定憲 → 長尾為景 ─ 母

兄 晴景　　弟 景虎（謙信）

逃げるように寺に入ったということです。父に疎んじられていたという点は、あの武田信玄と同じ。子どもの頃の大きすぎる逆境というものが、突出した戦国武将を生み出す素地になるのかもしれません。

　もう一つの理由は、母である虎御前の存在です。母の虎御前は、非常に信仰心の厚い人物。そのため謙信も、母の影響を受けて仏教に興味を示したということです。謙信が「毘沙門天」の旗を採用していたというところからも、そのことはよくわかります。

　子どもの頃の謙信は、仏教の造詣を深めるとともに、兵学にも興味を示しました。2メートル四方もあるお城の模型を使って、来る日も来る日も城攻めのシミュレーションをおこなっていたという逸話もあるくらいで、これがのちの謙信の用兵術につながっていったともいわれています。

❖ 1542（天文5）年　【謙信13歳】

　12月、父の長尾為景が病で亡くなります。享年55。

　長尾為景に反発する者たちは、為景の死を知ると、すぐさま春日山城に迫ってきます。そのため、わずか13歳の謙信でさえ、父の葬儀に甲冑をつけて臨んだといわれています。

　長尾為景の死をきっかけに、それまで傀儡であった守護の上杉定実が力

を持ちはじめます。上杉定実は、上杉氏を結集させたばかりではなく、長尾氏の一部も取り込んで、主流派を形成していくのです。これに対して、新当主である長尾晴景は、凡庸であったためどうすることもできませんでした。

❖ 1543（天文 12）年　【謙信 14 歳】

8月15日、謙信は元服し、長尾景虎を名乗ります。9月には、兄・晴景の命で、春日山城を出立し、栃尾城（新潟県長岡市）に入ります。

❖ 1544（天文 13）年　【謙信 15 歳】

3月、越後の豪族たちが、長尾晴景に反旗を翻します。長尾晴景が凡庸であることを見抜いての行動です。

「まずは、栃尾城にいる弟を倒して、長尾晴景にダメージを与えてやれ」

近隣の豪族たちは、景虎のいる栃尾城を攻めます。

景虎は、期せずして初陣に臨むことを余儀なくされたのです。

しかも、景虎のもとには少数の兵しかいません。しかし、

「この栃尾城では、とてもではありませんが、守り切れません。ここはいっそ降伏しては」

という家臣の声に、若き景虎、一切耳を傾けません。

そして景虎は、少数の兵を二手に分け、そのうちの一手を、敵の本陣の背後から奇襲させたのです。

驚いて混乱する敵陣。

その敵陣に対して、残りの一手を、城内中央から突撃させました。

その結果、敵陣はあえなく壊滅。

わずか15歳、しかも少数の兵であったにもかかわらず、圧倒的な勝利で初陣を飾ったのでした。子どもの頃に模型で城攻めをして遊んだ経験が功を奏したのかもしれません。

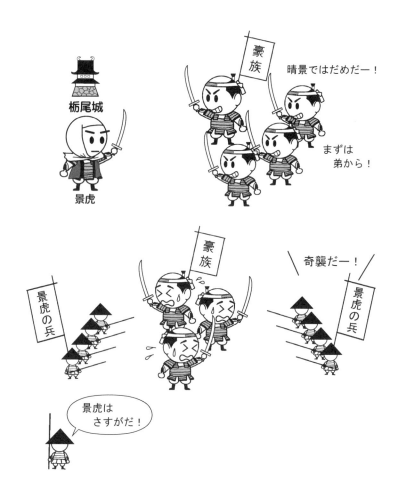

❖ 1545（天文 14）年 【謙信 16 歳】

　1545（天文 14）年 10 月、上杉氏の重臣・黒田秀忠が長尾氏に謀叛を起こします。

　「また、長尾氏に反発勢力か」

と皆さんは思ったかもしれませんが、そうではありません。

　黒田秀忠は、長尾氏はもちろんのこと、越後守護であった上杉定実にも反旗を翻し、一気に越後の覇者になろうとしたのです。

困った上杉定実は、長尾家の当主である長尾晴景ではなく、弟の景虎に黒田秀忠の討伐を命じます。長尾晴景ではどうしようもないという判断からでした。

　景虎は、落ち着いた采配で、黒田秀忠を降伏させます。しかも、景虎は、
「黒田秀忠は、上杉氏の重臣。殺してしまっては、上杉氏の和が乱れる」
として、黒田秀忠の謀反の罪を許したのです。

❖ 1546（天文 15）年　【謙信 17 歳】

　しかし、翌 1546（天文 15）年 2 月、許してもらったはずの黒田秀忠が再び反旗を翻します。

　── 一度許してやったものを。

　景虎は、これ以上黒田秀忠を野放しにしておいてはいけないと考え、黒田秀忠を滅ぼします。

　この戦での見事な采配に、越後国からは、
「兄の晴景を辞めさせて、弟の景虎を守護代に」
という動きが起こります。そして兄の晴景と弟の景虎の仲は険悪なものとなっていきました。

❖ 1548（天文 17）年　【謙信 19 歳】

　景虎が 19 歳になると、景虎を守護代にしようという動きが加速します。景虎の母・虎御前の実家である栖吉城主・長尾景信や、与板城主であの直江兼続の義父・直江実綱をはじめとして、ほとんどの城主が景虎側についたのです。

　そこで 12 月 30 日、守護・上杉定実が調停に入り、景虎を晴景の養子とした上で、景虎に家督を譲るという形で決着がつけられました。

　晴景は 40 歳で隠居を余儀なくされ、19 歳の景虎が晴れて守護代となったのです。

❖ 1550（天文19）年　【謙信21歳】

　2月26日、越後守護・上杉定実が病死します。

　上杉定実は、後継者を立てていませんでした。

　その結果、室町幕府13代将軍足利義輝は、越後守護・上杉家が断絶したものと判断。景虎に越後の守護を代行するよう命じました。

　しかし、これに不満を持つ者がいました。

　長尾氏の一族である長尾政景です。長尾政景は、一貫して景虎の兄の晴景を支持していました。

　——景虎が守護を代行すれば、私の立場がいっそう悪くなる。

　焦った長尾政景は、反旗を翻したのです。

❖ 1551（天文20）年　【謙信22歳】

　1月、景虎は長尾政景方の板木城を落とし、8月には長尾政景の居城である坂戸城を包囲し、長尾政景を降伏させます。

　このとき景虎は、長尾政景を殺しませんでした。景虎は、長尾政景の命を助け、その後は自らの重臣として活躍させたのです。

　こうして、わずか22歳で、父があれほど苦心しても平定できなかった越後を景虎は平定することができました。

　しかし、越後を平定したといっても、景虎には休む間もありませんでした。

❖ 1552（天文21）年　【謙信23歳】

　3月、関東管領上杉憲政が、小田原の戦国大名・北条氏康の軍に敗れます。関東にいられなくなった上杉憲政は、越後に逃げます。そこで、越後の守護を代行している景虎に、上杉氏の家督を相続させ、関東管領の地位を継承させようとしました。

　もちろん、景虎にも、その思いに報いようという気持ちがありました。そして、景虎の頭の中には、

　「上杉憲政に代わって関東を奪還する！」
という野望が渦巻くようになっていったのです。
　しかし、それも束の間。この後、武田氏と上杉氏の宿命の対決となる川
中島の戦いの火種が、景虎に降りかかってくるのです。

川中島の戦い

 信玄の動き　　 謙信の動き

1550（天文 19） 信玄 30歳、謙信 21歳

4 月　武田義信（信玄の子）、今川義元の娘と結婚
　　　┗━▶ 武田氏と今川氏が同盟

1553（天文 22）第一次川中島の戦い 信玄 33歳、謙信 24歳

　　　信玄の娘、北条氏政に嫁ぐ
　　　┗━▶ 武田氏と北条氏が同盟

4 月　信玄、北信濃に侵攻　━━━▶ 村上義清、謙信に支援を求める
　　　葛尾城を攻略　　　　　　　北信濃の国人衆、信玄に対抗
　　　　　　　　　　　　　　　　の姿勢

5 月　　　　　　　　　　　◀━━ 村上義清・北信濃の国人衆、出兵
　　　信玄、葛尾城を引き揚げる
　　　　　　　　　　　　　◀━━ 村上義清、葛尾城を奪還

7 月　信玄、村上義清を攻める ━━▶

8 月　　　　　　　　　　　　　　村上義清、越後に逃れる

9 月　信玄、動かず ◀━━━━━━ 謙信、武田氏の先鋒を破る
　　　　　│　　　　　　　　　　謙信、荒尾城を落とす
　　　　　└━━━━━━━━━━▶ 謙信、越後に引き揚げる

1554（天文 23） 信玄 34歳、謙信 25歳

　　　北条氏康の娘、今川氏真に嫁ぐ
　　　┗━▶ 武田・今川・北条の三国同盟

 信玄の動き 謙信の動き

1555 （弘治元）第二次川中島の戦い　信玄 35歳、謙信 26歳

| 1月 | 善光寺、信玄に寝返る | → | 北信濃の国人衆、動揺 |

3月　信玄、長野盆地に出陣

| 4月 | 信玄、川中島に布陣 | ← | 謙信、善光寺奪回のため出陣 |

7月　　謙信軍、信玄の軍勢に攻撃
　　　　└→ 北信濃の国人衆、動揺おさまらず

9月　　朝倉宗滴、急死
　　　　└→ 謙信、一向一揆とも対峙

閏10月　第二次川中島の戦い終結
　　　　今川義元の仲介
　　　　信玄、長野盆地南部の権益確保

1556 （弘治2）　信玄 36歳、謙信 27歳

6月　　　　　　　　　　　　　謙信、出家

8月　真田幸隆、尼飾城を陥落

　大熊朝秀（謙信の重臣）、反旗 → 長尾政景、謙信を説得
　　　　　　　　　　　　　　　↓
　　　　　　　　　　　　謙信、大熊朝秀を倒す

1557 （弘治3）第三次川中島の戦い　信玄 37歳、謙信 28歳

| 2月 | 信玄、葛尾城を攻め落とす
信玄、飯山城を攻める | → | 謙信、大雪のため身動き取れず |

4月　　　　　　　　謙信、出陣
　　　　　　　　　　　↓
| 信玄、決戦を避ける | ← | 謙信、善光寺を奪還
謙信、武田氏が落とした城を奪還 |

7月　信玄軍、小谷城を落とす

8月　第三次川中島の戦い
　　　越中で一向一揆が起こる
　　　信玄、長野盆地北部を手に入れる → 謙信、越後に引き揚げる

川中島の戦い

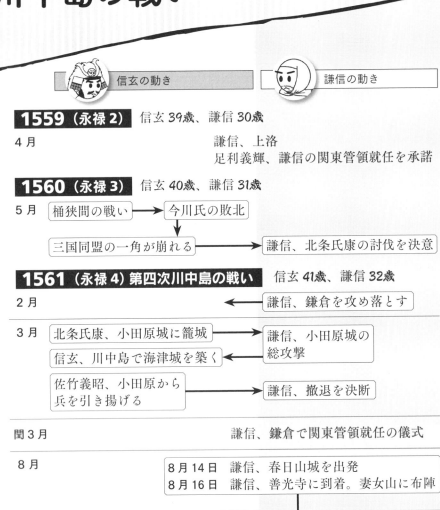

| 信玄の動き | 謙信の動き |

1559（永禄2）　信玄39歳、謙信30歳

4月　　謙信、上洛
　　　　足利義輝、謙信の関東管領就任を承諾

1560（永禄3）　信玄40歳、謙信31歳

5月　桶狭間の戦い →　今川氏の敗北

三国同盟の一角が崩れる → 謙信、北条氏康の討伐を決意

1561（永禄4）第四次川中島の戦い　信玄41歳、謙信32歳

2月　← 謙信、鎌倉を攻め落とす

3月　北条氏康、小田原城に籠城 → 謙信、小田原城の総攻撃
　　　信玄、川中島で海津城を築く ←
　　　佐竹義昭、小田原から兵を引き揚げる → 謙信、撤退を決断

閏3月　　謙信、鎌倉で関東管領就任の儀式

8月　　8月14日　謙信、春日山城を出発
　　　　8月16日　謙信、善光寺に到着。妻女山に布陣

18日　信玄、甲府を出発 ←

24日　信玄、茶臼山に布陣

29日　信玄軍、海津城に移動 → 謙信、動かず

信玄の動き	謙信の動き

	信玄の動き	謙信の動き
9月9日	別働隊、妻女山に向かう 信玄軍、八幡原に移動	謙信軍、妻女山を降り、千曲川の対岸に
10日	第四次川中島の戦い 　　└▶信玄と謙信の一騎打ちか？	謙信、突撃

1564（永禄7）第五次川中島の戦い　信玄44歳、謙信35歳

	信玄の動き	謙信の動き
4月	蘆名盛氏、越後を攻める 信玄、野尻城を攻略	謙信、蘆名盛氏を撃退
8月	信玄、塩崎城に陣 （決戦を避ける）	謙信、川中島に出陣
10月	川中島の戦い、終結	謙信、越後に戻る

特別幕

伝説の一騎打ち

信濃の北部、千曲川のほとりにある長野盆地は、善光寺や戸隠神社などがあり、中部地方における信仰の中心地として栄えていました。この時代は、巨大な宗教勢力のもとで、巨大な商業圏が形成されることが常でしたから、長野盆地もその例にもれず、栄えていました。

　そしてその長野盆地の南部、犀川と千曲川の合流地点に川中島はありました。そこはまさしく、

　「川中島を制する者は信濃を制する」

といっても過言ではない要衝だったのです。

❖ 1553（天文22）年　第一次川中島の戦い

　4月、武田信玄が北信濃に侵攻すると、村上義清は葛尾城を捨てて越後に逃れます。上杉謙信に支援を求めたのです。信玄に反発するのは、村上義清だけではありません。北信濃の国人衆は古くから謙信の一族である長尾氏と親しい関係にありました。そこで彼ら国人衆も、村上義清同様、謙信の支援のもとで信玄に対抗する姿勢を見せていくのです。

　5月、村上義清は、北信濃の国人衆とともに出兵。謙信の援軍5000もあったため、八幡の戦い（長野県千曲市）で勝利します。信玄は、葛尾城から兵を引き揚げたため、村上義清は葛尾城の奪回に成功します。

　7月、信玄は態勢を立て直して、再び村上義清を攻めます。このとき村上義清は塩田城にいました。村上義清は信玄の攻めに耐えきれず、翌8月、城を捨てて再び越後に逃れます。なんだか「困ったときの越後頼み」の様相です。

　9月1日、いよいよ謙信が動き出します。謙信は布施の戦い（長野県長野市）で武田氏の先鋒を破ります。

　謙信は、荒砥城（長野県千曲市）を落とし、塩田城へ迫ります。

　しかし信玄は、謙信と決着をつけようとしません。

　塩田城から一歩も出てこなかったのです。

　謙信は、じっと情勢をうかがっていましたが、

　「信玄はこれ以上攻めてこない」

と判断し、越後国へ引き揚げます。

　それでは、なぜ謙信も決着をつけなかったのか。

　謙信の戦いの目的は、あくまでも「北信濃の国人衆が信玄になびかないようにするため」でした。

　今回、謙信自らが出兵することで、北信濃の国人衆も、

　「やはり謙信公は頼りになる」

と称え、信玄になびこうという気持ちはすっかりなくなっていました。つまり謙信は、

　「やるべきことはやった」

と考え、あえて決着をつけようとはしなかったのです。

❖ 1554（天文23）年

　一方の信玄は、なぜ第一次川中島の戦いで決着をつけなかったのか。信玄には上杉氏と決着をつける前に進めておきたい二つのことがあったのです。

　一つは、南信濃の制圧です。信玄は北信濃まで侵攻していましたが、その一方で南信濃の伊那郡のあたりはまだ制圧していませんでした。もし、伊那郡の勢力と北信濃の国人衆が結託すれば、挟み撃ちに遭う恐れがあります。

　そこで、信玄は第一次川中島の戦いの翌年の1554（天文23）年、圧倒的な兵力で南信濃を制圧し、残るは北信濃だけという状況にしていきます。

　もう一つは三国同盟の完成です。

　1552（天文21）年、今川義元の娘・嶺松院が武田信玄の子・武田義信のもとに嫁ぎました。さらに翌1553（天文22）年には武田信玄の娘・黄梅院が北条氏康の子・北条氏政に嫁ぎます。これで、武田氏は今川氏、北条氏と同盟関係を結ぶことに成功したのですが、肝心の北条氏と今川氏とのあいだの同盟関係がまだでした。

　第一次川中島の戦いの翌年、1554（天文23）年に、北条氏康の娘・早川殿が今川義元の子・今川氏真に嫁ぎます。これによって、武田・今川・北

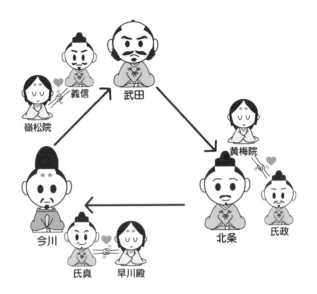

条の三国同盟が完成したのです。

　三国同盟によって後顧の憂いをなくした信玄は、

　──これで、北信濃侵攻に全力を傾けられるぞ。

と、第二次川中島の戦いへと矛先を向けていくのです。

❖1555（弘治元）年　第二次川中島の戦い

　「善光寺が、信玄に寝返りました！」

　1555（天文24）年は、謙信が耳を疑うニュースで幕を開けました。

　信玄は、三国同盟などを引き合いに出しながら、善光寺の取り込みに成功したのです。このときの善光寺の別当は栗田永寿。これにより、長野盆地の南半分が信玄の勢力下に置かれることとなったのです。北信濃の国人衆のあいだにも動揺が走ります。

　「信玄につくべきか、今までどおり謙信につくべきか」

　3月、信玄自らが長野盆地に出陣。ここから一気に北信濃を制圧するためです。信玄は、栗田永寿とともに栗田氏の居城である旭山城に立て籠ります。

4月、謙信も善光寺を奪回するために出陣します。謙信は、葛山城を築いて、旭山城の封じ込めを図ります。信玄も、旭山城の後詰のため、川中島に布陣、両者が犀川を挟んでにらみ合うことになります。

　7月19日、謙信の軍が犀川を渡って、信玄の軍勢に攻撃を仕掛けます。第二次川中島の戦いのはじまりです。

　この戦い、謙信側に分がありました。旭山城と川中島は比較的遠かったため、武田軍は兵糧の調達に苦心するのです。しかも、この第二次川中島の戦いは、一進一退を繰り返し、長期戦にもつれ込みます。

「長期戦は、兵糧の確保が決め手」

という原則からいくと、このまま謙信側の勝利という流れになっていきそうです。

　しかし、そう簡単にはいきません。

　まず、北信濃の国人衆の足並みがそろわないのです。

「あの善光寺が信玄に寝返った」

　このことは、北信濃の国人衆に大きな動揺を与えていました。

　しかも、戦いが長期化するにしたがって、その不安は増大していきます。

「北信濃は、謙信公の地盤も同然、そこでこれだけ苦戦するということは、謙信公の勢いに陰りが出てきたのでは」

と不安になって、浮き足立つ国人衆も多く見られたのです。

　さらに、ここで追い打ちをかけたのが、朝倉宗滴の死です。

「えっ？　越前の戦国大名朝倉氏の家臣の死がなんで関係あるの？」

と疑問に思うことでしょう。

　実は、このとき、越前の朝倉氏と越後の謙信は、共同して加賀の一向一揆を成敗しようとしていました。そのとき、出陣したのが、朝倉氏最強の軍師である朝倉宗滴でした。朝倉宗滴はわずか1日で一向一揆衆の主だった3城を攻め落としました。

　しかし、朝倉宗滴は、出陣の途中で病に倒れ、9月8日、そのまま急死してしまったのです。

　司令塔を失った朝倉軍は、一向一揆の成敗をやめて、そのまま一乗谷に

戻ってしまいました。

　朝倉宗滴の死によって、謙信は、一向一揆とも対峙する必要が生じてきたのです。川中島に全勢力を傾注できる状況ではなくなってしまいました。

　それでは、信玄がここから挽回かというとそうもいきません。先ほども申し上げたとおり、兵糧の確保が難しい中での長期戦で、信玄軍は限界をすでに通り越していたのです。

　閏10月15日、今川義元の仲介によって、第二次川中島の戦いは終結します。信玄は北信濃の国人から奪った所領を返すことと引き換えに、長野盆地の南半分の権益を確保することとなりました。

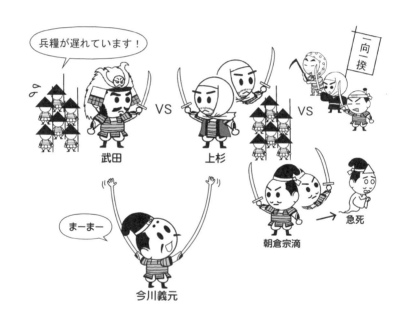

❖ 1556（弘治2）年

　6月28日、謙信が突然出家してしまいます。

　上杉氏の菩提寺である林泉寺の天室光育に遺書を託し、高野山へと向かったのです。

　重臣たちは驚きますが、のんびり驚いてもいられませんでした。

8月、真田幸隆らが、長野盆地東部の尼飾城を陥落させたのです。

　それだけではありません。上杉氏の家臣である大熊朝秀が突然上杉氏に反旗を翻したのです。大熊朝秀は信玄と内通しており、謙信の出家を好機と捉えたのでした。

　重臣の長尾政景（一度反旗を翻したが許されたあの政景です）は、早速、謙信を追いかけ、謙信を説得。越後に戻った謙信は、すぐさま大熊朝秀を打ち破ります。

❖ 1557（弘治3）年　第三次川中島の戦い

　2月、信玄は、葛山城を攻め落とします。これは、第二次川中島の戦いの休戦協定を破った行為です。信玄は、そのまま信濃の国境付近にまで進軍、高梨政頼の居城である飯山城を攻めます。

　高梨政頼は、早速謙信に援軍を求めますが、時は2月。大雪のため謙信は身動きが取れず、援軍を出すことができません。信玄はそのあたりの状況を知った上で、この時期に進軍したのです。

　4月18日、雪とけを待って謙信は出陣します。謙信は長野盆地に布陣すると、まもなくあの善光寺を奪還してしまいます。さらに、冬のうちに武田氏が落とした城も次々と奪還していきます。

　――目指すは長野盆地の奪還！

　謙信は、猛然と攻め込みますが、なぜか信玄は決戦を避けようとします。

　「力ずくで謙信と戦うことは得策ではない」

　信玄はそう考えたのかもしれません。

　7月、武田氏の別働隊が、小谷城（長野県安曇郡）を落とします。背後から回って攻めてきたのです。

　8月、川中島の上野原で、信玄と謙信は合戦をおこないますが、ちょうどこの頃、越中で一向一揆が起こります。謙信は一向一揆への対応のため、越後に引き揚げることとなりました。

　信玄も今回の戦いで、高梨政頼の支配地である長野盆地北部を手に入れることができたため、

特別幕　伝説の一騎打ち

「一定の戦果あり」

と判断して引き揚げたのです。

これが第三次川中島の戦いです。

❖ 1559（永禄2）年

4月、謙信は上洛します。

すでに、関東管領・上杉憲政は、謙信を養子にして、上杉氏の家督と関東管領職を譲渡していました。しかし、これはあくまでも上杉憲政と謙信のあいだだけでの取り決め。

そこで、関東管領就任の承諾を得るため、精鋭5000の兵を率いて上洛したのです。

時の将軍足利義輝は、謙信の関東管領就任を承諾。名実ともに晴れて関東管領となるわけです。

関東管領に就任した謙信。関東管領といえば、鎌倉公方を補佐する重職。室町幕府の鎌倉統治機関である鎌倉府の長官です。とはいえ、この頃は、鎌倉は完全に北条氏の支配下に置かれてしまい、鎌倉公方も完全に北条氏の傀儡という形になっていました。

将軍より晴れて関東管領職を拝受した謙信は、関東管領として、

——幕府のために小田原の北条氏を倒そう！

という思いがふつふつと湧き上がってきました。

❖ 1560（永禄3）年

5月、桶狭間の戦いに今川氏が敗北。

これによって、武田・北条・今川の三国同盟の一角が崩れてしまいました。

——今こそ、北条氏を倒すとき！

謙信は、北条氏康の討伐を決断します。

越後国を出発した謙信は、三国峠を越え、上野国に向かいます。謙信は行く先々で、北条方の城を攻略しながら、歩を進めていきます。謙信に従う兵の数はみるみる膨れ上がっていきます。

❖1561（永禄4）年　第四次川中島の戦い

　年が明けると、謙信は武蔵国に進軍。

　2月には鎌倉を攻め落とします。

　北条氏康は、謙信の圧倒的な兵力を見て、

　「野戦は不利」

と判断、小田原城など、各地の城に籠城する作戦をとります。

　3月、謙信は関東管領・上杉憲政を擁して、上杉家の旧家臣団を結集させます。その数なんと10万。この10万が小田原城を総攻撃するのです。

　謙信の勝利はもはや明白。であるかのように見えました。

　しかし、ここで三国同盟の一角が動きます。

　北条氏康と同盟を結んでいた武田信玄が川中島で動き出したのです。

信玄は、謙信が北条攻めをおこなっている隙に、川中島に海津城を築城。川中島の戦いに備えて万全の態勢を整えたのです。

　それこそ、いつ信玄が攻め入っても不思議でない状況に。

　それだけではありません。

　上杉側に参戦していた常陸守護・佐竹義昭が、

　「長期戦はムリ」

と言って、勝手に兵を引き揚げてしまったのです。

　いったんこういうことが起こると堰を切ったように悪い流れになるのが戦国時代の常。

　──これ以上の籠城は得策ではない。

　そう見極めた謙信は、1ヶ月の包囲の末、無念の撤退を決断するのでした。

　閏3月16日、謙信は、鎌倉に戻り、鶴岡八幡宮で関東管領就任の儀式を執りおこないます。このとき謙信の頭の中には、

　「鎌倉府の復興」

という文字があったかもしれません。

　さて、無念の撤退をしたからといって、謙信は関東制圧をあきらめたわけではありません。

　「関東を制圧するためには、川中島をなんとかしなければ！」

　8月、謙信は、春日山城を出発。

　8月16日、善光寺に着いた謙信は、兵5000を善光寺に残し、1万3000の兵を率いて、川中島の妻女山に布陣します。信玄の築城した海津城を攻め落とすためです。

　翌8月18日、「謙信出陣」の知らせを聞いた信玄も甲府を出発します。

　8月24日、信玄は、反対側の茶臼山に布陣したといわれています。その数2万。

このままにらみ合う両者。

8月29日、戦況が長引きそうだと考えた武田軍は、茶臼山から海津城に移動。これは、謙信の軍をおびき寄せる陽動作戦でもありました。しかし、このときなぜか謙信は、この海津城を攻めませんでした。理由は不明。

あくまでも動かない謙信に対して、武田軍はついに動き出します。

9月9日深夜、別働隊が密かに妻女山に向かいます。その数1万2000。一方の信玄の本隊は、おびき寄せた上杉軍を八幡原で迎え撃つ構え。その数8000。

しかし、この動きは完全に謙信に読まれていました。

それというのも、この日の夜に限って、海津城からかまどの煙がやたらと立ち上がっていたからです。

——これは出陣に違いない。

と、謙信は判断したのです。

海津城という地の利の良い場所に拠点を置いていたことが、逆に上杉軍に、自分たちの動きを克明に知らせることになるという皮肉な結果になってしまっていたのです。

上杉軍は、夜の闇に紛れて、妻女山を降り、千曲川の対岸に回り込みます。

さらに、村上義清、高梨政頼らには、武田氏の別働隊に備えるよう命じました。

9月10日午前8時。

川中島の霧が晴れると、信玄はその目を疑いました。

自らの面前に、いるはずのない上杉軍が布陣していたからです。

謙信は、すぐさま突撃を命じます。

柿崎景家を先鋒に、面前の武田軍に猛然と攻撃を仕掛けていきました。

完全に裏をかかれた武田軍は慌てふためきます。

しかも、このとき、信玄の本陣に切り込んでいった人物がいました。

白手拭いで頭を包み、放生月毛にまたがって、名刀小豆長光を振り上

げた一人の騎馬武者。

その騎馬武者が、床几に座った信玄に、3度にわたって斬りかかる。

信玄、やおら立ち上がり、軍配で刀を受ける。

すると、信玄の側に仕えていた原虎吉が槍で、その騎馬武者の乗っていた馬の腹を刺す。

馬を刺された騎馬武者は、そのままその場を立ち去りましたが、その騎馬武者こそが、あの上杉謙信であったといわれています。

この話は、史実か架空かについて議論はあるものの、それほど熾烈な争いであったということを示すエピソードであるといえます。

一方、妻女山に攻め込んだ武田氏の別働隊は、もぬけの殻になっていることに驚くものの、こうしてはいられないと、八幡原に急ぎます。

上杉軍のしんがりを倒し、午前10時には八幡原に到着しました。

そこで本隊と別働隊で上杉軍を挟み撃ちし形勢は逆転、武田軍有利の展開に。

謙信は、そのまま犀川を渡って、善光寺に引き揚げます。

信玄も最初は追撃しましたが、善光寺に多数の軍勢が待ち構えているとの情報を手に入れていたため、上杉軍が善光寺に到着したのを確認すると追撃をやめ、八幡原に引き揚げました。

わずか1日の激戦でしたが、この戦いで、信玄の弟の武田信繁、名参謀の山本勘助など、多くの武田側の武将が討ち死にしました。

これ以降も、謙信は、関東への侵攻を本格化させていきます。

しかし、ここで問題になったのは、関東の武士たちの対応です。

謙信が進軍すれば、謙信側につき、謙信が越後に帰れば、北条側につくという日和見武将ばかり。最初は圧倒的に謙信が優勢でしたが、戦況が長引くにつれ、謙信の優勢も揺らいでいく始末。

そのような中、最後の川中島の戦いが起こります。

❖ 1564（永禄 7）年　第五次川中島の戦い

　最初の戦いから 12 年経った 1564（永禄 7）年 4 月、信玄と手を組んだ
蘆名盛氏が越後に攻め入ってきます。

　これを謙信は、難なく倒しますが、この戦いの最中に信玄が、北信濃の
野尻城を攻略します。

　8 月、謙信は、川中島に出陣します。しかし信玄は、またもや決戦を避
け、塩崎城に陣を構えたのです。

　60 日にわたるにらみ合いの末、謙信は越後に戻り、戦国最強の武将同
士の対決は、決着のつかないまま終わりを迎えたのでした。

　川中島の戦いは、信玄、謙信双方とも相手の強さを知り尽くしており、
一切の隙を見せなかったがゆえに、両者の決着はつかずじまいでした。こ
のことは、両者ともに「真に強すぎた」ゆえの結果ではないかと考えます
が、やはり、信玄と謙信が一度は「無制限一本勝負」で戦うシーンを想像
してみたいところです。

特別幕

伝説の一騎打ち

本幕に登場するおもな地域

一乗谷

小谷城

信濃

甲斐

越前

駿河

三方ヶ原の戦い

二条城

石山本願寺

第**5**幕

室町幕府亡ぶ

信玄の野望

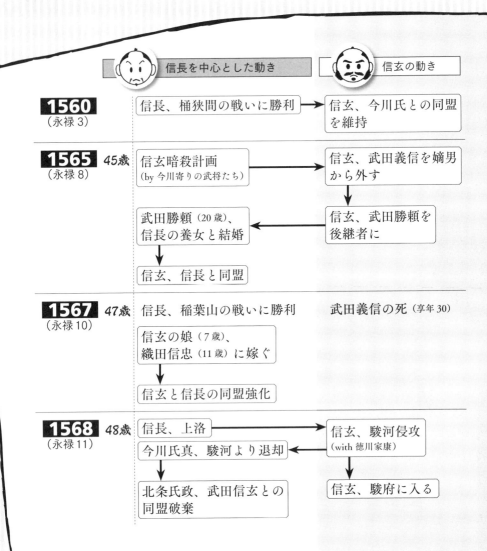

	信長を中心とした動き	信玄の動き
1560 （永禄3）	信長、桶狭間の戦いに勝利 →	信玄、今川氏との同盟を維持
1565 45歳 （永禄8）	信玄暗殺計画 （by 今川寄りの武将たち） →	信玄、武田義信を嫡男から外す ↓ 信玄、武田勝頼を後継者に
	武田勝頼（20歳）、信長の養女と結婚 ← ↓ 信玄、信長と同盟	
1567 47歳 （永禄10）	信長、稲葉山の戦いに勝利	武田義信の死（享年30）
	信玄の娘（7歳）、織田信忠（11歳）に嫁ぐ ↓ 信玄と信長の同盟強化	
1568 48歳 （永禄11）	信長、上洛 → 今川氏真、駿河より退却 ←	信玄、駿河侵攻 （with 徳川家康） ↓ 信玄、駿府に入る
	北条氏政、武田信玄との同盟破棄	

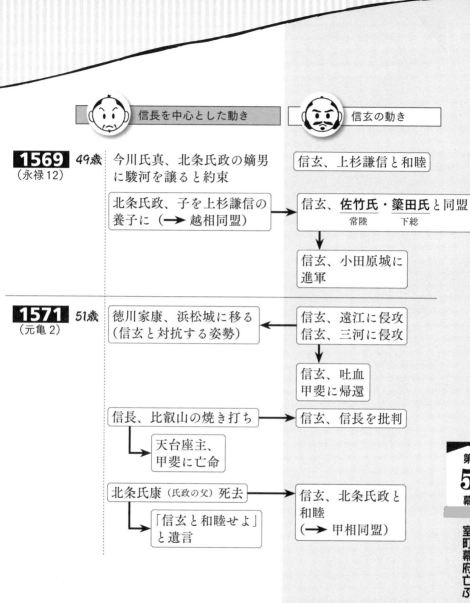

信長を中心とした動き	信玄の動き

1569（永禄12） 49歳

今川氏真、北条氏政の嫡男に駿河を譲ると約束

信玄、上杉謙信と和睦

北条氏政、子を上杉謙信の養子に（→ 越相同盟）

信玄、**佐竹氏・簗田氏**と同盟
　常陸　　　下総

信玄、小田原城に進軍

1571（元亀2） 51歳

徳川家康、浜松城に移る（信玄と対抗する姿勢）

信玄、遠江に侵攻
信玄、三河に侵攻

信玄、吐血
甲斐に帰還

信長、比叡山の焼き打ち → 信玄、信長を批判

天台座主、甲斐に亡命

北条氏康（氏政の父）死去 → 信玄、北条氏政と和睦（→ 甲相同盟）

「信玄と和睦せよ」と遺言

武田信玄の30代と40代前半は、川中島の戦い（1553〜1564年）に終始することとなります。

その間、信長は、1560（永禄3）年の桶狭間の戦いで今川義元を破って、破竹の勢いで天下布武に向けて邁進していきます。

そうして、信長は美濃とのつながりを深めていきました。美濃国は武田氏の領国である信濃国と国境を接しており、武田信玄に「織田信長」の影が否応なしに迫ってくるのです。

❖ 1565（永禄8）年 【信玄45歳】

10月、信玄は突然、武田義信を嫡男から外します。理由は、「武田義信が、信玄暗殺計画に加わった」というものでした。

桶狭間の戦いで、今川義元が倒されたあとも、信玄は「今川氏との同盟関係を維持する」という姿勢を崩しませんでした。しかし、一方で、信長の勢いは日増しに強くなっていきます。

――信長と真っ向から対立することは得策ではない。

――今川との同盟関係を維持するよりも、信長と組んで駿河を攻めるほうが得策だ。

と判断します。もちろん、この信玄の動きに今川寄りの武将たちは反発、

「かくなるうえは、信玄公を暗殺して、嫡男である義信さまを中心に今川との同盟関係を堅持すべきだ」

と考えるようになります。この「信玄暗殺計画」は、密告により露呈します。信玄は、武田氏内部の規律が乱れないようにと、武田義信を含む今川寄りの家臣たちを一斉に粛清しました。武田義信は甲府の東光寺に幽閉されてしまいます。

翌11月、信玄の四男である武田勝頼と信長の養女・龍勝院との婚姻が進められます。信玄の次男の竜芳は、生まれつき盲目であったため出家し、三男の信之も11歳で亡くなっていたため、信玄は、武田勝頼を後継者に指名しました。このとき、武田勝頼20歳。

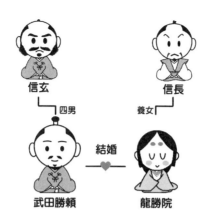

信玄　　　　　　　　　信長

　　四男　　　　　養女

武田勝頼　　結婚　　龍勝院

　「武田氏の後継者が信長の養女と結婚した」——この婚姻は、武田氏と信長のあいだに同盟関係が結ばれたことを意味したのです。

❖ 1567（永禄10）年　【信玄47歳】

［9月］

　稲葉山城の戦いで斎藤龍興を破った信長は、一気に京へと上っていくわけですが、同時に考えます。

　——武田氏との関係をないがしろにしてはいけない。

　これは信玄においても同じでした。

［10月］

　この頃、信玄の嫡男の地位を廃され、東光寺に幽閉されていた武田義信が、30歳の若さで亡くなってしまいます。武田義信の死については、暗殺されたという史料はありませんが、稲葉山城の戦いの翌月というあまりのタイミングにミステリーを感じずにはいられません。

［12月］

　信玄の六女・松姫（まつひめ）と信長の嫡男である織田信忠（のぶただ）の婚約が成立します。武田氏と織田氏の同盟強化のためです。

このとき松姫わずか7歳。織田信忠も元服前で、まだ「奇妙丸」という奇妙な名前のときの頃でした。

❖1568（永禄11）年　【信玄48歳】

9月、信長は足利義昭を奉じて上洛します。

10月26日、上洛が一段落すると、信玄は動きはじめます。

信玄は、まず、小田原の北条氏に呼びかけます。

「今川の領土を、わしと北条氏で山分けしよう」

と持ちかけるのです。しかし、北条氏政はこの誘いに乗りません。

なぜなら、北条氏政の生母は、今川氏親の娘だったからです。

続いて信玄は、家康に話を持ちかけます。

「成功した暁には大井川の西側をお前にやろう」

と家康に約束します。

この話に家康は同意。信玄は家康とともに駿河侵攻に乗り出すのです。

［12月］

12月6日、1万2000の軍勢で進む信玄。一方の今川氏真は、重臣の庵原忠胤に1万5000の軍勢を預けて迎撃させます。

しかし、武田軍が進軍をはじめると、今川軍は戦うことなく退却しはじめました。戦うに不足のない軍勢を与えられていたのに、なぜ戦わずして退却したのか。

実は庵原忠胤は、今川氏真の武将としての力量に不安を抱いていました。

──今、ここで下手に戦ってしまうと、あとで信玄にこてんぱんにやっ

　　つけられてしまう。

そう危惧した庵原忠胤は、戦わずして退却したのです。

「信玄が駿府に入ってくるぞ！」

これを聞いた今川氏真、慌てて駿府から掛川城へと逃げます。このとき、氏真の正室である早川殿も逃げるのですが、あまりの急な事態に輿も用意できません。そのため早川殿はなんと自ら徒歩で逃げるという有り様。

実は、この早川殿、北条氏康の娘だったのです。つまり北条氏政からみると姉にあたる人物。

「信玄め、姉を辱めるとは！」

　北条氏政は激怒します。北条氏康は、すぐさま武田信玄との同盟を破棄し、12月12日、今川氏を援軍するため駿河に向かいます。

　しかし、時すでに遅し。

　12月13日には、信玄の軍は駿府に入ってしまったのです。

❖ 1569（永禄 12）年　【信玄 49 歳】

　駿府での戦いが膠着状態に入ると、同盟合戦がはじまります。

　信玄は、上杉謙信と和睦します。上杉氏が北条氏と手を組むのを防ぐためです。このとき仲介役を務めたのが信長と 15 代将軍足利義昭でした。

　信玄が上杉謙信と和睦したのを受けて、今川氏真が動きはじめます。

［5 月］

　5 月 23 日、駿河を追われた今川氏真が、北条氏政の嫡男である国王丸を猶子（相続権のない養子）とします。そして、

「国王丸の成長後、国王丸に駿河を譲る」

と約束しました。さらに今川氏真は、越後の上杉謙信に使者を送ります。今川氏真は、

「関東の大名が手を組んで、信玄を共通の敵にしよう！」

と呼びかけたのです。

　いったんは信玄と和睦した上杉謙信でしたが、謙信は考えます。

　──関東の安定のためには、関東の有力大名が手を結んで、信玄と戦う
　　べきである。

［6 月］

　北条氏政は、子を上杉謙信へ養子に出すことで越相同盟の締結にこぎ着けます。

これに怒った信玄は動き出します。常陸国の佐竹氏や、下総国の簗田氏など北関東の武将と同盟を結んだのです。

［10月］

信玄は、ついに北条氏の居城である小田原城に進軍します。このとき、上杉謙信は越中にいたため、兵を送ることができませんでした。それを見越しての進軍です。信玄は、北条氏政と父の北条氏康が籠城する小田原城を包囲した上で、小田原城下に火を放つと間もなく戦わずして撤退してしまいました。

なぜ信玄は撤退したのか。信玄の目的は、北条氏を倒すことではありませんでした。あくまでも、北条氏を味方につけることだったのです。

❖ 1571（元亀2）年 【信玄51歳】

駿河を制圧した信玄は、次なる標的として遠江への侵攻をはじめます。これに対して、家康も浜松城に移って、信玄と対抗する姿勢を示します。

当時、信玄と信長は友好関係にありました。一方で、信玄は、信長の勢力拡大に対して危機感を抱いていました。そこで信玄は牽制する意味も込めて信長の盟友である徳川家康を討たねばならないと考えていました。

[2月]

　信玄は三河に侵攻します。信玄は次々と城を落としていきましたが、突然、信玄は甲斐に帰還します。信玄が血を吐いたからです。

[9月]

　9月12日、比叡山の焼き打ちが起こります。

　これを聞いた信玄は、信長の所業を「天魔ノ変化」と猛烈に非難します。さらに信玄は、

「比叡山延暦寺を甲斐に移して再興する！」

と宣言するのです。

　これを聞いた天台座主の覚恕法親王は甲斐に亡命します。覚恕法親王は、天台座主であると同時に、正親町天皇の弟でもあった人物です。信玄は覚恕を保護し、仏法の再興を決意します。

[10月]

　10月3日、北条氏康が亡くなります。北条氏政の父で、10年ほど前に隠居していたものの、北条氏の中で力を持っていた人間です。北条氏康は、子の北条氏政に「信玄と和睦せよ」と遺言を残していました。

　北条氏政は、早速、信玄と和睦し、甲相同盟は復活するのです。

　信玄、このとき51歳。「人生50年」といわれた戦国の世。

　血を吐いて、自らの死期を悟った信玄は、最大かつ最後の戦いに臨むことを決意するのでした。

第5幕　室町幕府亡ぶ

信玄最後の戦い

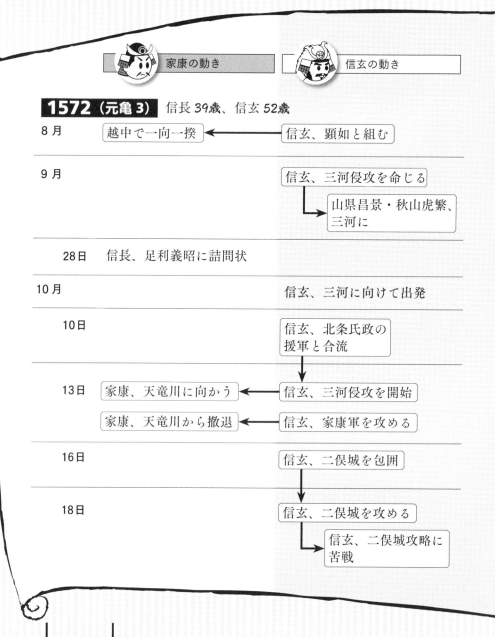

家康の動き	信玄の動き

1572（元亀3） 信長39歳、信玄52歳

8月　越中で一向一揆 ← 信玄、顕如と組む

9月　信玄、三河侵攻を命じる
　　　→ 山県昌景・秋山虎繁、三河に

28日　信長、足利義昭に詰問状

10月　信玄、三河に向けて出発

10日　信玄、北条氏政の援軍と合流

13日　家康、天竜川に向かう ← 信玄、三河侵攻を開始
　　　家康、天竜川から撤退 ← 信玄、家康軍を攻める

16日　信玄、二俣城を包囲

18日　信玄、二俣城を攻める
　　　→ 信玄、二俣城攻略に苦戦

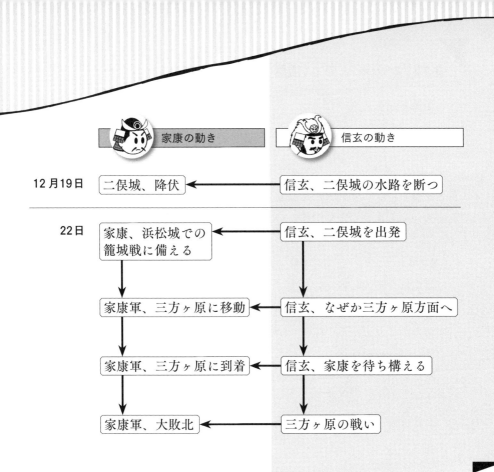

家康の動き		信玄の動き
12月19日	二俣城、降伏 ←	信玄、二俣城の水路を断つ
22日	家康、浜松城での籠城戦に備える ←	信玄、二俣城を出発
	家康軍、三方ヶ原に移動 ←	信玄、なぜか三方ヶ原方面へ
	家康軍、三方ヶ原に到着 ←	信玄、家康を待ち構える
	家康軍、大敗北 ←	三方ヶ原の戦い

1573（天正元） 信長40歳、信玄53歳

1月11日		信玄、野田城を攻める
2月15日	野田城、降伏 → 岡崎城（家康の居城）、落城の危機	信玄の病状悪化
4月12日		信玄、病死（享年53）

❖ 1572（元亀 3）年　【信長 39 歳、信玄 52 歳】

　信長の比叡山焼き打ちが、戦国最強の武将である信玄を揺り起こすこととなりました。

　信長を

「天魔ノ変化」

と非難し、自らを仏法の庇護者と称し、甲斐国での延暦寺再興を掲げ、今、信玄が立ち上がったのです。

［8 月］

　信玄は、顕如に頼んで越中で一向一揆を起こしてもらいます。

　なぜ、このようなことをお願いするのでしょうか？

　信玄が立ち上がる上で、一つ大きな障害があったからです。

　それは、上杉謙信。

　謙信が信玄の邪魔をしないようにするため、越中で一揆を起こさせたのです。

　これで、上杉謙信は越中に張りつくことになります。信玄は上杉謙信を

気にすることなく動けるようになったわけです。

　信玄は、9月29日、重臣である山県昌景と秋山虎繁を先発隊として三河に侵攻させます。

[10月]

　9月末頃、信長は、15代将軍足利義昭に対して17カ条からなる詰問状を送ります。足利義昭が、信長に対して反発する態度を見せはじめたことについて諫めるためです。この詰問状により、信長と足利義昭の関係はもはや修復不能になりました。足利義昭はついに信長に挙兵します。

　信長は延暦寺のみならず、将軍の怒りまで買ってしまったのです。

　信玄にとっては、まさしく「信長討伐」の大義名分が完全にできあがったわけです。

　10月3日、足利義昭の動きに呼応するかのように、信玄は2万2000もの兵を率いて甲府を出発しました。

　信長を討伐するためには、まずは、三河にいる徳川家康を倒す必要がありました。

　10月10日、甲府を出発した信玄は遠江との国境にある青崩峠にさしかかります。信玄は、青崩峠の北条氏政の援軍と合流。3万となった本隊の軍勢を、徳川家康の所領に向けて一気に侵攻させます。

　北遠江の国人・天野景貫は、信玄の圧倒的な軍勢に驚き、すぐさま信玄に寝返りました。

　信玄の勢いはすさまじく、通常1ヶ月かかる城攻めを、わずか3日のペースで進めていくのです。

　信玄が本気になったらどれだけスゴいのかを思い知らされる動き。あの信長ですらこれほどの戦いをしたことはありません。破竹の勢いとはまさにこのことで、

　「この勢いでいけば、信玄が間もなく天下を取るのでは」

と思わせるほどでした。

　信玄は二俣城に向けて兵を進めます。二俣城は交通の要衝。遠江支配の要ともいえる場所です。

　徳川家康としてはなんとしてでも守りたいところですが、三河国も安泰とはいえない中で、徳川家康はせいぜい8000の軍勢しか動員することはできませんでした。そこで、徳川家康は、本多忠勝・内藤信成を偵察に向かわせた上で、自らも3000の軍勢を率いて天竜川に向かいました。信玄に天竜川を渡らせないようにするためです。

　10月14日、本多・内藤の偵察隊は、すぐに武田の先発隊と遭遇することに。偵察隊はすぐさま退却。

　しかし、この偵察隊を武田軍は見逃しませんでした。

　武田軍は、偵察隊を猛烈な勢いで一言坂まで追い詰めたのです。

　——この状態で戦うことはできない。

　徳川家康は退却を命じます。

　このとき、一言坂の下に陣取ったのが、本多忠勝です。

　坂の下にいる軍勢は、攻める側からすると、格好の餌食。

　3段構えの陣形のうち、2段は難なく打ち破られてしまいます。

　しかも、信玄の近習である小杉左近は、本多隊の後方に先回りし、鉄砲を撃ちかけてきたのです。

　坂の上には武田の先鋒隊、坂のさらに下には小杉左近の鉄砲隊。

　本多忠勝、絶体絶命。

　ここで本多忠勝は決断します。

　「坂の下で待ち受ける小杉左近の軍勢に敵中突破を仕掛けるぞ！」

　このとき、小杉左近は、家臣たちにこのような指示を出すのです。

　「偵察隊を迎え撃つな。道を空けよ！」

　本多忠勝の迫力に圧倒されたのです。本多忠勝は、このとき、小杉左近に名前を聞き、感謝の言葉を述べたといわれています。

　本多忠勝の決死の働きにより、徳川家康の本隊は、天竜川を渡り撤退す

ることに成功しました。

10月16日、武田軍は二俣城を包囲します。

この二俣城は、天竜川と二俣川が合流する丘陵に築かれた城で、交通の要衝。ここを押さえることは、徳川軍の連絡網を断ち切るとともに、武田軍の補給路を確保するという意味合いもありました。

武田軍は2万7000、対する二俣城の軍勢は1200。武田軍は二俣城に降伏を促します。しかし、二俣城は降伏しません。信長の援軍を期待していたからです。

10月18日、武田軍は二俣城攻めを開始。

しかし、武田軍、意外にも二俣城攻めに苦戦するのです。

二俣城を攻めるには、大手口から攻め入るしかありませんでした。しかし、この大手口は狭く、一度に多くの兵を送り込むことができません。しかも、この大手口、急な坂道になっていたのです。急な坂のため、兵が速度を上げられないのです。そのため、武田の軍勢は、坂道を上っている途中に次々とやられてしまう破目に。

——圧倒的な軍勢なのに！

信玄は、攻めあぐねます。

12月になっても二俣城は落ちません。そこで考えた作戦が、

「水路を断つ」

ことでした。二俣城には井戸がありませんでした。水の補給は、天竜川沿いの断崖から井楼をつくり、釣瓶で水を汲み上げていたのです。そこで信玄は、大量の筏をつくらせて天竜川の上流から流したのです。大量の筏が流れてきたため、井楼は破壊されてしまいました。

12月19日、井楼を失い水路を断たれた二俣城はついに降伏しました。

二俣城を落とした信玄の次の狙いは浜松城であろうと誰もが予想していました。

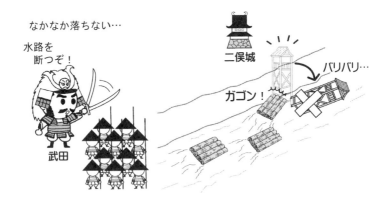

なかなか落ちない…

水路を
断つぞ！

武田

二俣城

バリバリ…

ガゴン！

　12月22日、信玄の軍は二俣城を出発します。

　徳川家康は、浜松城での籠城戦に備えます。

　しかし、信玄の軍は、浜松城を素通りするように、三方ヶ原台地のほう
に向けて進んでいったのです。

　──信玄は一体何を考えているのだ？

　徳川家康は焦ります。

　地の利を熟知していた徳川家康は戦略を練ります。

　「三方ヶ原から祝田の坂を下る武田軍を背後から攻めよう」

　これには一部の家臣から異論が出ました。しかし徳川家康は反対を押し
切って、三方ヶ原に向かいます。

　徳川家康の軍勢は、夕方、三方ヶ原に到着します。

　するとそこには。

　信玄の軍が魚鱗の陣（中心が前方に突き出た「△」の陣形）を構えて、待ち
構えていたのです。

　まるで、家康が三方ヶ原に来ることを、あらかじめ知っていたかのよう
に。

　「はめられた！」

　徳川家康は後悔しますが、時すでに遅し。

　わずか2時間あまりの合戦で、徳川家康の軍勢は、2000人もの死傷者

を出す大敗北を喫してしまうのです。

　家康自身も、あわや討ち死にという状況に追い込まれます。

　家康は夏目吉信らを身代わりにして、わずかな供回りで浜松城に命から
がら逃げ帰りました。

　浜松城に着いた家康は、すべての城門を開いて篝火を焚きます。これは
空城計といって、あえて自分の陣地に敵を招き入れようとすることで、敵
に警戒心を抱かせてとどまらせる計略のことです。実際、浜松城まで追撃
してきた山県昌景の部隊は、これに警戒して浜松城には入りませんでした。

　まもなく家康は、湯漬けを食らって、そのままいびきをかいて寝てしま
いました。

　これを見た家臣たちは、

　「家康公は平常心を失っていない」

と安堵したとのことです。

　さて、このとき描かれた絵とされているのが、「顰像」と呼ばれるもの
です。この絵は、「三方ヶ原の戦いで敗れたとき、自戒の意味で描かせた絵」
とされてきましたが、最近はそうではないというのが通説のようです。

　この絵が、1936年（昭和11年）に開催された展覧会に出品された際、
美術館側が「三方ヶ原の戦いでの敗戦を狩野探幽に描かせた」図と説明し、
さらに戦後になって、「この絵は、家康自身が描かせたもので、慢心の自
戒として生涯、座右を離さなかった」との情報が付与されたため、そのよ
うにいわれるようになりました。

　しかし現在は、家康を半跏思惟像になぞらえて描いたものではないかと
いわれるようになっています。

❖1573（天正元）年　【信長40歳、信玄53歳】

［1月］

　1月2日、信玄は野田城を攻めます。このとき、武田の軍勢3万、対す
る野田城の軍勢はわずか500。徳川家康も、三方ヶ原の戦いの敗北を受け

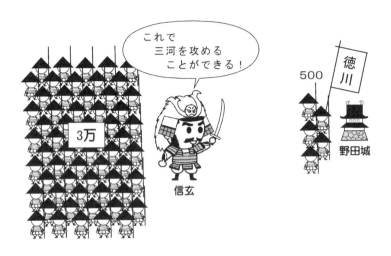

て、戦線を立て直すことができず援軍をまわすことができません。

［２月］

　２月16日、野田城は水路を断たれて降伏します。

　これにより、信玄が三河を攻める道筋ができあがりました。

　徳川家康の居城である岡崎城が危機にさらされることになるのです。

　しかし。

　このとき、信玄は重い病に冒されていました。

　わずか500の軍勢の城を落とすのに１ヶ月もかかったのも、信玄の病状が悪かったからではないかといわれています。

［４月］

　４月12日、信玄は甲斐に軍を引き返す途中、街道上で亡くなります。享年53。

　──大ていは　地に任せて　肌骨好し　紅粉を塗らず　自ら風流

　信玄の辞世の句です。さらに信玄は、

「自らの死を3年間隠し続けること、自らの亡骸を諏訪湖に沈めること」
との遺言を残します。

　信玄の死後、家督を相続した武田勝頼は、信玄の遺言を守って、信玄の
葬儀をおこないませんでした。

　しかし、いくら死を秘匿しても、信玄のいない武田氏は、兵を効果的に
動かすことができません。信玄の野望は、自らの死とともに、藻屑と消え
去ってしまったのです。

室町幕府の滅亡

	信長の動き	足利義昭の動き

1570（元亀元） 信長 37歳

　　　　　信長、石山本願寺と対立

10月	信長、本願寺と和睦
11月	信長、六角氏・三好三人衆と和睦
12月	信長、浅井長政・朝倉義景と和睦

1571（元亀 2） 信長 38歳

　　　　　　　　　　　　　　　　義昭、御内書を下す

| 5月 | 信長、伊勢長島の一向一揆を平定 |
| 9月 | 信長、比叡山を焼き打ち ➡ 武田信玄、延暦寺復興を宣言
浅井長政・朝倉義景、信長に対抗する姿勢 |

1572（元亀 3） 信長 39歳

3月	信長、小谷城の包囲をはじめる
5月	松永久秀・三好義継、信長に反旗
9月	信長、石山本願寺と和睦交渉開始
9月28日	信長、足利義昭に詰問状 ➡ 足利義昭、挙兵 武田信玄、徳川家康を攻める
12月	武田信玄、三方ヶ原の戦いで勝利

1573（天正元） 信長 40歳

1月	足利義昭、挙兵
3月25日	信長、京都に向けて出陣
3月29日	信長、知恩院に布陣

	信長の動き		足利義昭の動き
4月2日	信長、京の焼き打ちを命じる		
4日	信長、上京に火を放つ		
7日	信長、足利義昭と和睦		
7月3日			足利義昭、挙兵
			槇島城に立て籠もる
9日	信長、二条城を包囲		
12日	二条城開城		
16日	信長、槇島城に進軍		
18日	信長、槇島城下に火を放つ	→	足利義昭、和睦を申し出る
28日	信長、元号を天正に改元させる		
8月8日	信長、小谷城に軍を派遣	→	朝倉義景、小谷城に援軍
12日	信長、朝倉氏の前線基地を奇襲		
13日	信長、朝倉軍を猛追	←	朝倉義景、撤退を開始
		→	朝倉義景、一乗谷を捨てる
			└朝倉景鏡 (重臣) の提案
18日	信長、一乗谷を焼き払う		
20日	朝倉景鏡、信長に寝返る	←	朝倉義景、大野郡に移る 8月19日
26日	信長、小谷城の総攻撃を命じる	→	朝倉義景、自刃 (享年41)
27日	羽柴秀吉、小谷城の京極丸を占拠	→	浅井久政 (浅井長政の父)、自刃
			浅井長政、嫡男万福丸を城外に逃す 浅井長政、お市の方と浅井三姉妹を引き渡す
9月1日			浅井長政、自刃 (享年29)
10月	羽柴秀吉、万福丸を処刑 (享年10)		足利義昭、信長追討の御内書を連発
11月4日	信長、三好義継の討伐を命じる	→	
16日			三好義継、自刃 (三好氏の滅亡)
12月			松永久秀、降伏 足利義昭、落ち延びる (室町幕府の滅亡)

戦国最強の武将・武田信玄を怒らせた信長。しかしその戦国最強の武将
は、信長と対峙する直前に病に倒れ、信長の前から消え去っていった。

　こうなると、信長は、もはや「敵無し」という状況に。そこで次の標的
となるのは、「目の上のたんこぶ」である室町幕府15代将軍足利義昭とな
るわけです。

❖ 1570（元亀元）年　【信長37歳】

　時計の針を1570（元亀元）年に戻して、少し整理することにしましょう。

　1570（元亀元）年といえば、浅井氏が信長に反旗を翻して姉川の戦いが
起こった年です。また、ほぼ時を同じくして摂津の石山本願寺との対立も
はじまっていました。

　これらの窮地に対して、信長は、正親町天皇と15代将軍足利義昭を仲
介役に立てて、交渉に入ります。

　10月30日には、摂津の本願寺勢力と和睦。

　11月に入ると、近江の六角氏と、三好三人衆との和睦にも成功します。
三好三人衆も、

「本願寺が信長と和睦したとあれば、逆らっても分が悪い」

と考えての行動です。

　12月には、姉川の戦いで戦った浅井長政、朝倉義景と和睦します。浅井・
朝倉両氏とも、冬を迎えると深い雪に閉ざされるため、早めの和睦を求め
ていたのです。

　これで、信長は窮地を脱したかのように見えました。

❖ 1571（元亀2）年　【信長38歳】

　1571（元亀2）年になると、足利義昭が動き出します。義昭は、

「自分は将軍である。それなのに、どうして信長の顔色をうかがわなく
てはならないのだ」

と、御内書を下しはじめます。

　浅井長政、朝倉義景、延暦寺、石山本願寺、三好氏、六角氏、そして武

田信玄と、信長が敵に回したくないすべての相手に対して、御内書を送り、自らが将軍であるということを誇示したのです。

そのような中、信長は5月に伊勢長島の一向一揆を平定、9月に比叡山の延暦寺を焼き打ちします。

まずは、宗教勢力の口封じを図ったのです。

しかし、これに怒ったのが、あの甲斐の武田信玄でした。信玄は、比叡山の焼き打ちを、

「天魔ノ変化」

と非難し、甲斐に延暦寺を復興すると宣言しました。

武田信玄が信長に反旗を翻すと、和睦していたはずの浅井長政、朝倉義景も、ここぞとばかりに動き出します。

信長、再び四面楚歌の状況に。

❖ 1572 (元亀3) 年 【信長39歳】

信長包囲網は、とどまることを知りません。

信長は、3月、浅井長政の小谷城の近くに付け城を築いて包囲をはじめます。浅井長政が動けないようにするためです。

［5月］

5月になると、あの松永久秀が、三好義継とともに信長に反旗を翻します。しかし、信長は、これに対して柴田勝家、佐久間信盛といった精鋭部隊をぶつけます。松永・三好ともにおとなしくなりました。

［9月］

信長は、石山本願寺との和睦交渉をはじめます。このとき、仲介役となったのは、15代将軍足利義昭と武田信玄。しかし、この交渉は、信長のある行動によってご破談となるのです。

　信長が、足利義昭に対して、17カ条の詰問状を送りつけたのです。これは足利義昭が信長の意向に反して、様々な行動を起こそうとしていることを諌めたものでした。

　しかし、この詰問状を受け取った足利義昭は逆上します。

「我こそが将軍である。信長の指図は受けぬ！」

と言って、信長との関係はもはや修復不可能な状態にまで陥ったのです。

　しかも、それと時を同じくするように、武田信玄も三河の徳川家康を攻

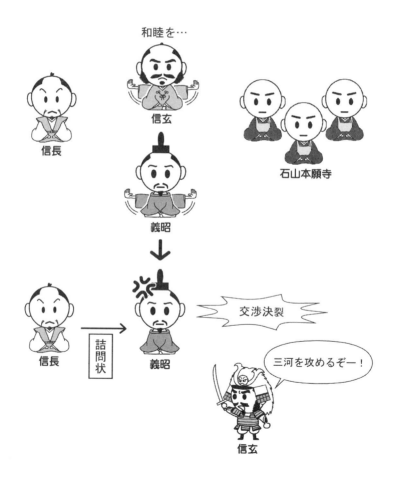

めはじめたのです。

　足利義昭と武田信玄が反旗を翻したため、2人が仲介役となっておこなっていた信長と石山本願寺との和睦交渉も、もちろん決裂。

　信長は再び絶体絶命のピンチに追いやられました。

❖ 1573（天正元）年　【信長 40 歳】

［1 月］

　12月の三方ヶ原の戦いでの武田信玄の圧倒的な勝利を聞いた足利義昭は、年が明けると、早速、二条城に籠もります。

　二条城に新たな堀をめぐらし、信長に対して挙兵するためです。

　――武田信玄が味方につけば勝てる。私が本気になれば、延暦寺・本願寺といった宗教勢力はもちろんのこと、朝廷に加えて、三好三人衆や松永久秀、浅井・朝倉・六角氏など、すべてが味方につく。そうなれば信長に勝てる！

　足利義昭はこう考えたのです。もちろん武田信玄が、余命幾ばくもない病に冒されていることなど、足利義昭は知る由もありませんでした。

　信長は、義昭に使者を送り、和睦を申し出ます。しかし、義昭は和睦に応じようとはしません。信長は、

「もし和解しないのであれば、全勢力を挙げて、都を焼き払い、都を火と血の海にする！」

と言い捨て、京を攻めることを決断します。

［3 月］

　足利義昭も、松永久秀や三好義継、そして三好三人衆を味方につけます。

　3月25日、信長は、いよいよ京都に向けて出陣します。

　しかし、足利義昭は余裕でした。

「信長が進軍すれば、武田信玄や朝倉義景が背後から襲うであろう」

と高をくくっていたのです。

　しかし、武田信玄はすでに再起不能の状態にまで追い込まれていました。

朝倉義景も、比叡山焼き打ちを目の当たりにしていたため様子見です。

　3月29日、信長は、京都・東山の知恩院に布陣します。難なく京都まで
でやって来れたのです。しかも、今まで信長に反旗を翻していた荒木村重
や、足利義昭の配下であった細川藤孝まで味方につけてしまうというおま
けつきです。

　信長は、足利義昭に最後のチャンスを与えます。

　「剃髪して出家するのなら和睦を認めよう」

　しかし、足利義昭は、和睦には応じません。

［4月］

　4月2日、信長はついに京の焼き打ちを命じます。

　4月4日には、二条城を包囲した上で、二条城のある上京に火が放た
れました。

　このときの様子を、ルイス=フロイスは次のように残しています。

　「上京一帯は、深夜から翌日にかけて燃え盛った。すべての寺院、僧院、
神社、財宝、家屋が焼失し、最後の審判さながらのようであった。兵士や
盗賊たちは僧院に赴き、仏僧らの隠し持っていた金銀、茶器などを根こそ
ぎ奪い取った。兵士や盗賊たちは、出会った男女や子どもたちから所持品
を奪い取るため、残虐の限りを尽くした」

　4月7日、正親町天皇から和睦の勅命が出され、ようやく信長と足利義
昭は和睦したのです。

［7月］

　7月3日、足利義昭は、再び挙兵します。正親町天皇から出された和睦
の勅命を破棄しての挙兵です。足利義昭は二条城を離れ、槇島城（京都府
宇治市）に立て籠もります。

　信長は、義昭の離れた二条城に向かいます。

　7月7日、二条城を包囲した信長は、7万という圧倒的な兵力で、わず
か3日後の7月10日に二条城を開城させます。

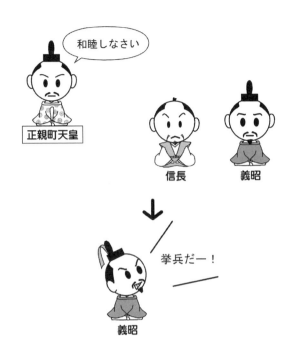

　7月16日、槇島城に進軍した信長は、目の前を流れる宇治川を二手に分かれて渡り、2日後の7月18日、城を包囲し、火を放ちます。

　観念した足利義昭は、嫡男の義尋を人質に差し出して和睦を願い出ます。

　7月20日、羽柴秀吉に預けられた足利義昭は、河内国の若江城に送られます。ここは足利義昭の娘婿である三好義継の居城でした。

　7月28日、信長は、元号を元亀から天正に改元させます。義昭を無視して改元を行ったのです。義昭は、まだ征夷大将軍のままでしたが、征夷大将軍にまったく権威がないということを見せつける意図もあったのかもしれません。

［8月］

　8月8日、浅井長政の重臣である阿閉貞征が信長に寝返りました。

　足利義昭との対立も一段落した信長は、

「これぞ浅井をつぶす好機！」

と判断し、3万の軍勢を小谷城に向けて送り込みます。

　小谷城には、浅井長政をはじめ5000の兵士が籠城。そこに、朝倉義景は、家臣の反対を押し切って、2万の援軍を小谷城に送り込みます。

　朝倉義景の2万の軍勢が背後に迫ると、信長は小谷城攻めを躊躇します。

　しかし8月12日、北近江一帯を暴風雨が襲います。信長はこれを、

「朝倉氏を討つチャンスだ」

と決断します。

　信長は、わずか1000の兵を率いて、朝倉氏の前線基地であった大嶽砦を奇襲します。

「まさかこの暴風雨で奇襲するとは！」

　朝倉軍は慌てふためきます。

　ここで信長は、さらに一計を案じます。

　朝倉軍をわざと討ち取らなかったのです。

　――朝倉軍は、必ず本隊に戻る。本隊に戻れば、朝倉軍は必ず撤退を決断する。朝倉軍が撤退した瞬間に、徹底的に朝倉氏を追い詰める。

　信長の読みは見事に当たります。

　8月13日、朝倉義景は、信長の予想どおり撤退をはじめます。これを信長軍は猛追し、3000以上の兵士を倒しました。この中には、朝倉道景や朝倉景行といった朝倉氏一族や、美濃の戦国大名だった斎藤龍興の姿もありました。

　朝倉義景の軍は壊滅、朝倉義景はわずかな手勢を率いて一乗谷に戻ることとなりました。もはや劣勢となった朝倉氏に馳せ参じる部下はなく、朝倉義景の周囲にはわずか500の軍勢しかいなかったといわれています。

　このとき、朝倉氏再起の声を上げたのが、重臣の朝倉景鏡です。朝倉景鏡は、

「ここはひとまず一乗谷を捨て、大野郡で再起を図りましょう」

と促すのです。大野郡は盆地で守りやすく攻めにくい地形。

　朝倉義景は、一乗谷を捨てることを決意します。

8月18日、主を失った一乗谷を、信長は徹底的に焼き払います。多く
の公家たちが集まり、さながら都のようであった一乗谷は、一日にして
灰燼に帰すこととなったのです。

　8月20日、大野郡に移った朝倉義景は、六坊賢松寺に入ります。

　しかし夜半。寺の周りが騒がしくなります。

　——信長にはここは悟られていないはず。

と訝りながら、あたりをうかがった朝倉義景は自らの目を疑います。

　そこには、なんと、自らの重臣である朝倉景鏡の兵が。

　朝倉景鏡は、朝倉義景を裏切って、信長に寝返っていたのです。

　朝倉義景は奮闘するものの、多勢に無勢。

　朝倉義景は、自らの最期を悟り、自刃します。享年41。

　朝倉氏は、ここに滅亡することとなったのです。

　8月26日、朝倉氏を滅亡させた信長は、小谷城の総攻撃を命じます。

　8月27日、羽柴秀吉は、小谷城の京極丸を占拠します。ここは浅井長
政の立て籠もる本丸と、長政の父・浅井久政が立て籠もる小丸をつなぐ場
所。父子の連絡が取れない状態にして、小谷城を猛攻するのです。まもな
く、浅井久政は自害します。

　観念した浅井長政は、まず嫡男である万福丸を城外に逃がします。さら
に妻のお市の方と浅井三姉妹と呼ばれる3人の娘（茶々、初、江）を織田
方に引き渡します。

9月1日、すべてを為し終えたと判断した浅井長政は、本丸の赤屋敷内で自害。享年29。

[10月]

　信長は、浅井長政の遺児である万福丸の捜索を命じます。

　まもなく万福丸は、羽柴秀吉の軍勢に発見され、関ヶ原で処刑されます。享年10。

　一方、若江城に預けられた足利義昭ですが、依然として、信長追討の御内書を連発する始末。それを受けて、若江城主で足利義昭、義弟の三好義継も、少し本気になりかけていました。

[11月]

　11月4日、上洛した信長は、三好義継の討伐を決めます。

　三好義継の家臣の多くは、信長に恐れをなして、信長の軍門に下ります。

　それでも、三好義継は孤軍奮闘します。

　11月16日、三好義継はとうとう力尽き、自刃してしまいます。

　これにより、一時は京都を制圧して栄華を極めていた三好氏もここに滅ぶこととなりました。

　また12月には、松永久秀も、多聞山城を織田軍に包囲され降伏、三好三人衆も相次いで織田の軍勢に降伏します。

　足利義昭は、わずかな家臣を従えて、堺、紀伊と逃げ通し、最終的には毛利輝元を頼って備後まで落ち延びました。

　ここに235年続いた室町幕府もついに滅び、信長の京都制圧は完遂したのです。

本幕に登場するおもな地域

信濃
甲斐
美濃
尾張
駿河
天目山
丹波
伊勢
伊賀
長篠の戦い
出雲
美作
備後
岩見
安芸
長門
周防
木津川口の戦い

第**6**幕

天目山に散る

武田氏と本願寺、そして…

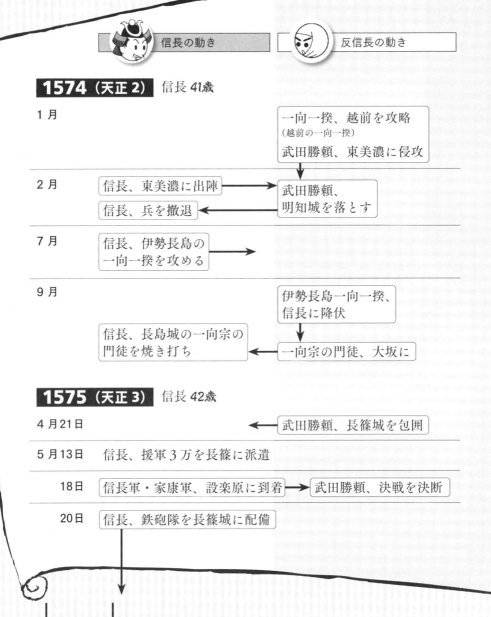

信長の動き　　　反信長の動き

1574（天正2）　信長 41歳

1月　　　　　　　　　　　一向一揆、越前を攻略
　　　　　　　　　　　　　（越前の一向一揆）
　　　　　　　　　　　　　武田勝頼、東美濃に侵攻

2月　　信長、東美濃に出陣 →　武田勝頼、
　　　　信長、兵を撤退　←　　明知城を落とす

7月　　信長、伊勢長島の
　　　　一向一揆を攻める　→

9月　　　　　　　　　　　伊勢長島一向一揆、
　　　　　　　　　　　　　信長に降伏
　　　　信長、長島城の一向宗の
　　　　門徒を焼き打ち　←　一向宗の門徒、大坂に

1575（天正3）　信長 42歳

4月21日　　　←　武田勝頼、長篠城を包囲

5月13日　　信長、援軍3万を長篠に派遣

　　18日　信長軍・家康軍、設楽原に到着 →　武田勝頼、決戦を決断

　　20日　信長、鉄砲隊を長篠城に配備

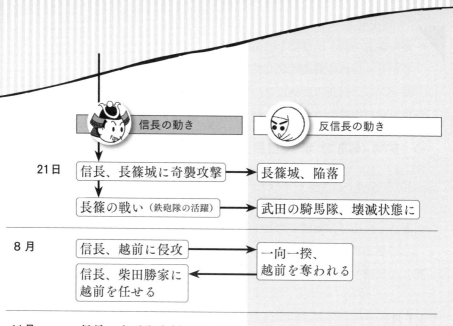

	信長の動き		反信長の動き

21日　信長、長篠城に奇襲攻撃　→　長篠城、陥落

　　　長篠の戦い（鉄砲隊の活躍）　→　武田の騎馬隊、壊滅状態に

8月　信長、越前に侵攻　→　一向一揆、
　　　信長、柴田勝家に　←　越前を奪われる
　　　越前を任せる

11月　信長、右近衛大将（武家の最高位）に

1576（天正4）　信長43歳

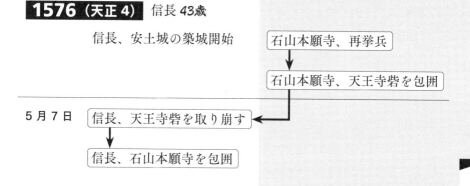

　　　信長、安土城の築城開始　　石山本願寺、再挙兵

　　　　　　　　　　　　　　　石山本願寺、天王寺砦を包囲

5月7日　信長、天王寺砦を取り崩す　←

　　　　信長、石山本願寺を包囲

天目山に散る

第6幕

室町幕府を倒し、京都を完全に制圧した信長。

しかし、信長の前途は決して安泰ではありませんでした。

なぜなら、信長の面前には、戦国時代最強の大名である武田氏と、戦国時代最強の宗教勢力である本願寺（一向一揆）が控えていたからです。

❖ 1574（天正2）年 【信長41歳】

1573（天正元）年に朝倉氏を滅ぼして奪い取った地、越前。

不穏な動きは、この越前の地から起こるのです。

越前といえば、お隣の加賀とともに本願寺勢力（一向一揆）の強い土地。

この越前の本願寺勢力（一向一揆）が、新しく越前の支配者となった織田氏に反発するのです。

［1月］

信長から越前の守護代に任命されたのは桂田長俊。1月19日、この桂田長俊が、富田長繁らによって殺されてしまいます。

越前が、一向一揆の手に落ちた瞬間です。

「越前で信長が劣勢の模様！」

1月27日、これを聞いた甲斐の武田勝頼は動きはじめます。東美濃へと侵攻するのです。

［2月］

「武田勝頼が東美濃に侵攻！」

2月5日、これを聞いた信長も東美濃に向けて出陣。

しかし、ここでまたもや信長は家臣の裏切りに遭うのです。

東美濃の要衝であった明知城（岐阜県恵那市明智町）。この明知城で家臣の飯狭間右衛門が謀反を起こしたのです。明知城は、あっさりと武田軍の手に落ちてしまいました。

──今、明知城に乗り込めば、武田軍との全面対決となるのは必然。

しかし、武田軍と全面対決すれば、越前での一向一揆との戦いがなおざ

りになります。

　——今は、武田軍と対決するときではない。

　信長はそう判断して、兵を撤退させます。

［7月］

　「まずは一向一揆の鎮圧から」

と考えた信長は、越前に加えて伊勢長島の一向一揆の鎮圧に乗り出します。

　陸からは次男の織田信雄と重臣の滝川一益の軍勢。

　海からは九鬼嘉隆の伊勢・志摩水軍が、伊勢長島を全面包囲するのです。

　その数、なんと 10 万。

　包囲され、兵糧攻めにされた一向一揆は追い詰められます。

［9月］

　9 月 29 日、長島城の一向一揆はついに信長に降伏します。

　降伏した一向宗の門徒たちは船で大坂に逃げようとしました。大坂には一向宗の総本山である石山本願寺。

　——こいつら、降伏したと見せかけて実は石山本願寺に加勢するのでは！

　そう見越した信長、

　「逃げている一向宗の門徒たちを一斉射撃せよ！」

と命じます。

　「降伏したのに撃つとは何事だ！」

　怒った一向宗の門徒たち、一転、信長に抵抗します。

　門徒たちの抵抗は激しく、この抵抗で兄の織田信広や弟の織田秀成などを失ってしまいます。

　兄と弟を殺された信長。ついに堪忍袋の緒が切れます。

　「長島城を焼き払え！」

　長島城にはいまだ 2 万人の門徒がいました。しかし信長は、城の周囲を柵で囲み、出られない状態にした上で、これを焼き打ちしてしまうのです。

❖ **1575（天正3）年　【信長42歳】**

　前年、東美濃の明知城を奪い取った武田勝頼。

　「父が手に入れた遠江・三河を、再び武田氏の手中に収めるぞ！」と動きはじめます。

［5月］

　三河へ侵攻した武田軍。

5月14日、武田軍は長篠城（愛知県新城市長篠）を包囲します。武田軍1万5000、対する長篠城は、わずか500。

「長篠城が、武田軍に包囲されました！」

　これを聞いた信長と徳川家康、すぐさま援軍を出します。

　翌5月15日には、信長の援軍が到着。その数3万。徳川家康の軍8000とともに、長篠に向かう準備が整います。

　この状況を見た長篠城主・奥平信昌の家臣・鳥居強右衛門は、長篠城にいる仲間を勇気づけようと考え、

「まもなく援軍が来ることを早く長篠城に知らせよう」

と、急いで夜の闇に紛れて長篠城へ向かいました。

　しかし。

　5月16日早朝、鳥居強右衛門は長篠城のまさに門前で、武田軍の兵に見つかり、捕らえられてしまったのです。

　死を覚悟で動いた鳥居強右衛門は、武田氏の訊問に対して命乞いせず、

「俺は長篠城の密使だ！」

と開き直ります。

　武田軍は鳥居に対し、こう言います。

「明日、長篠城の前で、お前を磔にする。その際、長篠城に向かって『織田の援軍は来ない』と叫べ。そうすれば、お前の命は助けてやる」

　鳥居強右衛門は、これを承諾します。

　翌朝、磔にされた鳥居強右衛門が長篠城の前に。

　長篠城の兵も、「何事だ」と様子をうかがいます。武田の兵は鳥居強右衛門に、

「さあ、早く言え」

と促します。すると鳥居強右衛門、すかさずこう叫んだのでした。

「2、3日すれば、数万の援軍が来る！　それまでなんとか持ちこたえ…」

　武田の兵は、慌てて鳥居強右衛門を槍で突き刺し殺しましたが、時すで

に遅し。

　鳥居強右衛門の声は、長篠城中に響き、兵の士気は上がったのです。

　このお話は、『信長公記』に記された内容です。本書を読み終えたら、ぜひ次のステップとして、こうした本書を執筆する際の資料として使われた「原書」（巻末の出典にたくさん記してあります）にも是非ともチャレンジしてみてください。興味深いエピソードが多数記されています。

　5月18日、信長軍3万と家康軍8000は、長篠城の面前の設楽原に到着。ここには信長の姿も。しかし、この設楽原からでは敵陣の様子がよく見えません。

　されど信長は、これを好都合と考えます。

「敵陣が見えないということは、相手からも我々の姿はよく見えないということ」

　そう判断した信長は、敵から見えないように、軍勢をばらけさせて布陣。

　さらに信長は、この地に馬防柵を設けていきます。

　そう、あの鉄砲隊を配備した柵を設置したのです。

　この馬防柵は当時イタリアの野戦で用いられていたもので、当時の日本にはまったく見られないものでした。おそらく信長はこれを利用した戦法をイタリアの宣教使あたりから聞いて「これだ！」と思ったのでしょう。

　信長の動きを察知した武田軍は、早速軍議を開きます。

　重臣たちは、

「信長自らが出陣したのだから、ここは撤退するのが得策」

と説きます。しかし、武田勝頼は決戦を決断しました。

　武田勝頼は1万5000の軍勢を率いて、信長の陣のある設楽原へと向かいます。

　この様子を見た信長、

「今こそ、武田と決戦するべきとき！」

と思いを固めます。

　第1場　武田氏と本願寺、そして…

5月20日深夜、信長は、鉄砲隊500人に徳川の弓や鉄砲に優れた者2000人をはじめとした4000人の軍勢を、長篠城の背後に回らせます。

　翌5月21日早朝、信長は鳶ヶ巣山で長篠城を包囲していた武田軍に向かって、奇襲攻撃をかけます。奇襲の結果、武田氏の長篠城包囲網は総崩れ。長篠城を守り抜くことに成功したのです。

　武田勝頼の軍勢が設楽原に向かったため、長篠城の包囲が手薄になったのを見計らっての急襲でした。

　同じ頃、設楽原でも決戦が繰り広げられていました。

　武田勝頼をはじめ武田軍は、信長の築いた馬防柵に言葉を失います。

　馬防柵のため、武田の騎馬隊が、織田の陣中に斬り込むことができないのです。

　しかも、馬防柵からは、3000丁からなる鉄砲隊によるおびただしい銃撃。銃撃に倒れる馬や、鳴り止まない銃声に驚く馬。

　このわずか8時間の戦いで、戦国最強との呼び声の高い武田の騎馬隊が

設楽原

織田軍

武田軍

何だ
あれは！

鉄砲隊　　馬防柵

騎馬隊

壊滅状態にまで追い込まれてしまったのです。

　長篠の戦いにおける武田側の戦死者は1万2000、対する信長側の死者はわずか50名あまり。

　信長の圧倒的な強さと、武田勝頼の戦況を見る目の甘さが、武田氏に壊滅的な打撃を与えたのです。

　武田勝頼は、わずか数百名の家臣を従え、慌てて信濃の高遠城へと撤退しました。

　一方越前国では、守護代・桂田長俊が殺されたあと、石山本願寺の顕如が、下間頼照を守護代として派遣しました。しかし、ここで地元越前の本願寺門徒は、石山本願寺が派遣した守護代に反発しはじめます。

　そうです、本願寺勢力同士が内部対立をはじめたのです。

　信長が、このタイミングを見逃すはずがありません。

[8月]

　信長は、早速越前に侵攻します。

　信長の目論見どおり、本願寺勢力は結集することができません。

　その結果、越前のみならず加賀の一向宗門徒までもが、信長に倒され、越前は再び信長の所領となったのです。

　信長にとって越前は「厄介な場所」であったため、一番の重臣であった柴田勝家にこの越前の地を任せることにしました。

[11月]

　信長は、正親町天皇より、右近衛大将に任じられます。これは、過去に源頼朝も賜った官職で、武家の最高位といえるものです。

　信長は、将軍就任式さながらの豪華な儀式を執りおこない、自らが、

　「武家のトップである」

ということを世に知らしめたのでした。

［1月］

　信長は琵琶湖の湖岸に、壮麗な安土城の築城をはじめます。この安土城は3年後の1579（天正7）年5月に完成します。五層七重の天守閣で、金箔を惜しげもなく使った荘厳なものでした。

　また、1581（天正9）年7月15日には、多数の提灯を使って安土城をライトアップしたという記録も残っています。

　安土城は、武田氏と本願寺勢力を倒し、右近衛大将に任じられたことで、名実ともに武家のトップになったということを世間に知らしめるための、一大モニュメントといえます。

　しかし信長に息つく暇はありませんでした。
　あの石山本願寺が再度挙兵したのです。

　再度挙兵した石山本願寺は、まもなく、織田軍の立て籠もっていた天王寺砦を包囲します。
　ここは、のちに大坂冬の陣で、かの真田幸村があの「真田丸」を築いた地。
　まさしく大坂城を攻略する要にあった場所。
　——天王寺砦を奪われては、石山本願寺の攻略はできない。
　信長は、出陣を決断します。

［5月］

　5月7日、信長は自ら軍勢を率いて、天王寺砦に向かいます。天王寺砦にいる本願寺軍は1万5000、対する信長の軍は、急な招集だったこともあり、わずか3000足らず。劣勢ではありましたが、信長は果敢に本願寺軍に攻め入ります。そのため、信長自らも負傷するほど。
　しかし、この信長の負傷が、信長軍の士気を一気に高めるのです。信長の「本気」が家臣を動かしたのです。

天目山に散る

第**6**幕

235

このとき天王寺砦を率いていたのは、あの明智光秀。

　本願寺軍の攻撃を必死で抑える明智光秀と、本願寺軍に果敢に攻め込む信長。2人の連携は見事に功を奏し、天王寺砦を包囲する本願寺勢力を完全に取り崩すことに成功します。

　「この勢いで、一気に本願寺を壊滅せよ！」

　信長は意気込みます。

　信長の軍勢は、石山本願寺に侵攻、石山本願寺を包囲します。

　陸からだけではなく、海からも石山本願寺を取り囲むことで、石山本願寺を兵糧攻めで追い込んでいくのです。

　「信長の勝利は目前」

であるかのように誰の目にも見えました。

　しかし、このとき、中国地方の覇者である毛利輝元が、信長の新たな敵として動き出すのです。

天目山に散る

第6幕

毛利輝元の野望

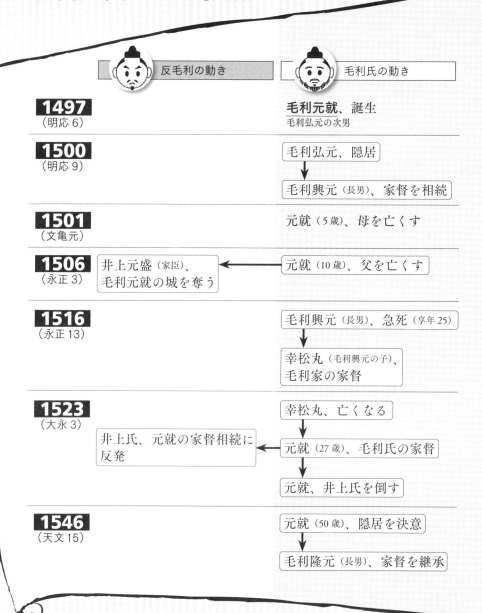

	反毛利の動き		毛利氏の動き

1497
（明応 6）

毛利元就、誕生
毛利弘元の次男

1500
（明応 9）

毛利弘元、隠居

↓

毛利興元（長男）、家督を相続

1501
（文亀元）

元就（5歳）、母を亡くす

1506
（永正 3）

井上元盛（家臣）、
毛利元就の城を奪う　◀── 元就（10歳）、父を亡くす

1516
（永正 13）

毛利興元（長男）、急死（享年 25）

↓

幸松丸（毛利興元の子）、
毛利家の家督

1523
（大永 3）

幸松丸、亡くなる

↓

井上氏、元就の家督相続に
反発　◀── 元就（27歳）、毛利氏の家督

↓

元就、井上氏を倒す

1546
（天文 15）

元就（50歳）、隠居を決意

↓

毛利隆元（長男）、家督を継承

	反毛利の動き	毛利氏の動き
1551 （天文 20）	陶晴賢、大内義隆を下克上	元就、陶晴賢を支持 　┗→安芸国内の国人の居城を 　　　次々奪う
1553 （天文 22）		毛利輝元（隆元の長男）、誕生
1555 （弘治元）	陶晴賢、元就と対立　→	元就、陶晴賢を 滅ぼす（厳島の戦い）
1557 （弘治 3）	大友氏（豊前）と戦う　←	元就、大内義長を滅ぼす 　┗→大内氏の所領を手中に 元就、九州に進出 元就、元春（次男）を吉川家へ 元就、隆景（三男）を小早川家に
1563 （永禄 6）		毛利隆元（長男）、亡くなる（享年 41） 　↓ 毛利輝元（11 歳）、家督に
1566 （永禄 9）		元就、尼子氏（出雲）を滅ぼす 　↓ 中国地方全土を手中に
1571 （元亀 2）		元就、亡くなる（享年 75） 毛利輝元、尼子勝久を破る 毛利輝元、大内輝弘を破る 毛利輝元、大友宗麟を破る
1576 （天正 4）	足利義昭、備後に　→ 信長、石山本願寺を包囲	毛利輝元、 足利義昭を迎え入れる

天目山に散る

第**6**幕

さて、ここで突如として信長の前に立ちはだかった毛利輝元。

安芸の国人から戦国大名に上り詰め、中国地方の覇者となった祖父・毛利元就の嫡孫ですが、毛利氏は、そして輝元は何を考え、どう行動していったのかについて、振り返っていきたいと思います。

まず、毛利氏のお話から。

毛利氏は、鎌倉幕府において源頼朝の参謀役であった大江広元の四男、大江季光の子孫とされています。源頼朝の重臣である大江広元の流れということで、元就も輝元も「元」の字が使われているというわけです。

大江季光は鎌倉幕府の重臣でしたが、1247（宝治元）年の宝治合戦で三浦泰村とともに北条氏に反旗を翻して、鎌倉を追われます。

その後、南北朝の合戦を経て、安芸国の国人（地元に土着する武士）となっていきます。

安芸国の一国人にすぎなかった毛利氏が、中国地方の覇者となり、日本を代表する戦国大名にのし上がっていくのは、輝元の祖父・元就の代のことです。

毛利元就が生まれた頃、安芸国は、周防国を拠点とする大内氏と、出雲国を拠点とする尼子氏の勢力争いにさらされていました。なぜなら、当時、安芸国には大きな力を持った戦国大名がおらず、毛利氏のような弱小の国人たちが群れをなす状況だったからです。そのため、

「安芸国を一気に併合してやろう」

と大内氏と尼子氏が虎視眈々と安芸国を狙っていたのです。

❖ 1497 ～ 1506（明応 6 ～永正 3）年 【元就 1 ～ 10 歳】

毛利元就は、1497（明応 6）年、毛利家当主・毛利弘元の次男として生まれます。

1500（明応 9）年、父の弘元は隠居し、長男の興元に家督は相続されます。

1501（文亀元）年に実母を、1506（永正 3）年には父の弘元を亡くすと、

わずか10歳の元就は、なんと家臣の井上元盛に自らの所領を奪われて、城を追われてしまうのです。

その後元就は、色々なところに預けられ、青年期を過ごすことになります。のちに大を成す戦国大名というものは、決まって波瀾の青年時代を過ごしています。

❖ 1516（永正13）年　【元就20歳】

1516（永正13）年、兄の興元が急死します。毛利家の家督は興元の嫡男幸松丸が継ぐことになり、この頃20歳になっていた元就は、幸松丸を後見する立場に回ることとなります。

❖ 1523（大永3）年　【元就27歳】

しかし、1523（大永3）年、この幸松丸も亡くなってしまうのです。その結果、元就が家督を継ぐことになりました。このとき元就27歳。

しかし、この元就の家督相続に不満を持つ者は少なくありませんでした。家臣団の最大派閥が元就の家督相続に異を唱えたのです。

そこで家督を継いだ元就は、家臣団のうち、元就の家督相続に反発する人たちを続々とつぶしていきます。さらには石見国の高橋氏などの敵対勢力なども次々と滅ぼしていきます。

❖ 1546（天文15）年　【元就50歳】

1546（天文15）年、50歳となった元就は、隠居を決意。長男の毛利隆元に家督を譲ります。

しかし、元就が活躍するのはここからなのです。

❖ 1551（天文20）年　【元就55歳】

1551（天文20）年、周防の大内義隆が、家臣の陶晴賢に下克上されます。中国地方一の大大名であった大内義隆が倒されたのです。このとき、元就は、陶晴賢の支持を表明。安芸国内にあった大内義隆を支持していた国人

たちの居城を次々と奪っていきました。

　元就は、このまま陶晴賢に臣従するかのように見えました。

　しかし、元就と陶晴賢のあいだで、大内氏が奪った尼子氏の所領をめぐって対立が起こるのです。

❖ 1553（弘治元）年　【元就 57 歳、輝元 1 歳】

　1553（天文 22）年 1 月 22 日、毛利輝元は、毛利隆元の嫡男として生まれます。まさしく祖父の元就に脂が乗りきっていたときです。輝元は、祖父の戦いぶりを目の当たりにしながら育っていくのです。

❖ 1555（天文 24）年　【元就 59 歳、輝元 3 歳】

　元就と陶晴賢の対立の理由は、尼子氏の所領をめぐるものだけではありませんでした。

　毛利元就の嫡男隆元にとって、下克上された大内義隆は、自らの妻の父。つまり輝元にとっては大内義隆は祖父にあたる人物。そのため元就と陶晴賢は対立はますます深まっていたのです。

　しかも安芸の国人たちの多くは、陶晴賢ではなく元就の味方につきました。そして、1555（弘治元）年、厳島の戦いで元就は陶晴賢を滅ぼすのです。

❖ 1557（弘治 3）年　【元就 61 歳、輝元 5 歳】

　元就は 1557（弘治 3）年、大内義長を滅ぼします。陶晴賢の傀儡として周防の守護に立てられていた人物です。これにより大内氏の持っていた所領をほぼすべて手に入れます。

　このとき、元就 61 歳。しかし元就は、還暦を過ぎてもまだまだとどまるところを知りません。

　元就は、なんとこの後、九州に進出するのです。筑前国の秋月氏や豊前国の高橋氏を味方につけ、豊後の戦国大名大友氏などとも争うのです。なんたるバイタリティー。

　さらに元就は、次男の元春を吉川家へ、三男の隆景を小早川家へ養子と

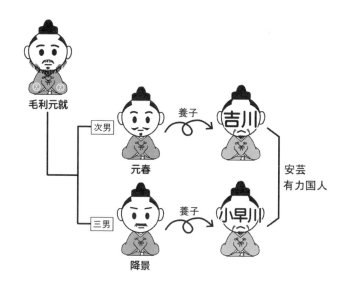

して送り込むことで、安芸の有力国人であった吉川氏と小早川氏を吸収することに成功します。これに嫡男の隆元を入れた3人で、あの有名な「3本の矢」の逸話となるわけです。

❖ 1563（永禄6）年 【元就67歳、輝元11歳】

1563（永禄6）年、嫡男の隆元が亡くなります。享年41。

隆元の死にともない、隆元の子でまだ11歳の輝元が家督に継ぐことになりますが、元就はまだまだ元気。

元就は、次男の吉川元春、三男の小早川隆景とともに、幼き後継者である輝元を後見することとなったのです。

❖ 1566（永禄9）年 【元就70歳、輝元14歳】

1566（永禄9）年には、出雲の尼子氏も滅ぼし、中国地方全土を領有する大大名にのしあがっていきました。このとき元就なんと70歳。

❖ 1571（元亀2）年 【元就75歳　輝元19歳】

1571（元亀2）年6月14日、ついに毛利元就は亡くなります。享年75。
「人生50年」
といわれた時代に、50歳で隠居してから暴れ回った、まさに豪放磊落な
人生でした。

　元就が亡くなって、やっと実務をおこなうことになった輝元。このとき
まだ19歳。
　しかし、この輝元、若くして頭角を現しはじめるのです。これは、祖父
元就が育てた毛利軍の力によるところも大きいのですが、輝元自身もなか
なかやります。
　まずは、尼子氏の残党であった尼子勝久を破ります。また、大内氏の残
党であった大内輝弘も破ります。
　「これで中国地方は安泰」

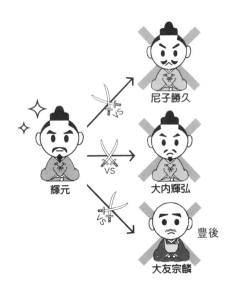

そう判断した輝元は、九州に目を向けます。

祖父の元就が対立していた豊後の大友宗麟とも戦い、勝利を収めました。

祖父譲りの戦上手で破竹の勢いを見せる輝元。

その輝元に、人生の転機が訪れます。

❖ 1576（天正4）年 【輝元24歳】

1576（天正4）年2月、信長に追放された15代将軍足利義昭が備後にやってきたのです。輝元は、鞆の浦（広島県福山市）に御所を与え、足利義昭を歓迎します。自らの手元に将軍がいるという形になったのです。

そのような中、石山本願寺が信長に包囲されることとなりました。

これを聞いた輝元、ついに動きはじめるのです。

将軍と石山本願寺を後ろ盾として、まさしく、信長に挑戦状を突きつけるわけです。

信長の天下布武〈前編〉

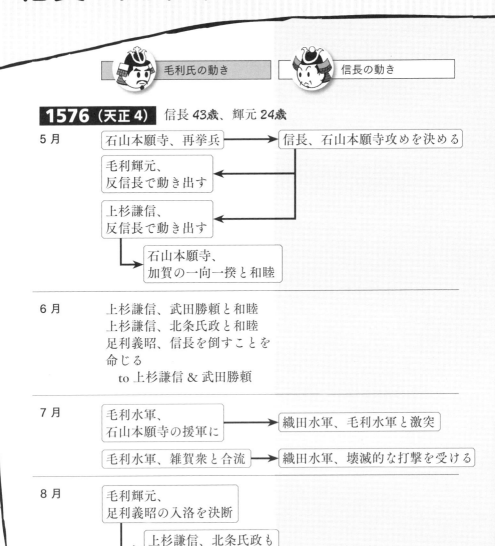

毛利氏の動き　　　　　　信長の動き

1576（天正4）　信長43歳、輝元24歳

5月　石山本願寺、再挙兵 ──→ 信長、石山本願寺攻めを決める

毛利輝元、
反信長で動き出す ←──

上杉謙信、
反信長で動き出す ←──

└→ 石山本願寺、
加賀の一向一揆と和睦

6月　上杉謙信、武田勝頼と和睦
上杉謙信、北条氏政と和睦
足利義昭、信長を倒すことを
命じる
　　to 上杉謙信＆武田勝頼

7月　毛利水軍、
石山本願寺の援軍に ──→ 織田水軍、毛利水軍と激突

毛利水軍、雑賀衆と合流 ──→ 織田水軍、壊滅的な打撃を受ける

8月　毛利輝元、
足利義昭の入洛を決断

└→ 上杉謙信、北条氏政も
呼応

 毛利氏の動き　　 信長の動き

1577 （天正 5）　信長 *44歳*、輝元 *25歳*

2 月	毛利水軍、 信長軍に攻め込む	信長、紀伊に出兵 （雑賀衆討伐） 根来衆を味方につける
	上杉謙信、能登国への 侵攻をはじめる	
3 月		信長、紀伊から撤退
8 月	松永久秀、信長に反旗	
10 月	松永久秀、自害	信長、信貴山城を攻める

1578 （天正 6）

1 月	毛利輝元、 上月城に大軍を送り込む	
2 月	別所長治、信長に反旗	
3 月	上杉謙信、死	
7 月	毛利輝元、上月城陥落	
10 月	荒木村重、信長に反旗	信長、越中侵攻
		越中平定

第 **6** 幕

247

［5月］

「信長が石山本願寺を包囲した！」

これを聞いた、毛利輝元は考えます。

——もし、信長が石山本願寺を倒したら、次はこの中国地方に目を向け
るだろう。

毛利輝元は、石山本願寺を支援することを決断します。

「毛利輝元が、反信長で動き出したぞ！」

この報は、各地の大名に伝わります。

これを聞いて最初に動き出したのが、越後の上杉謙信です。

上杉謙信は、まず加賀の一向一揆と和睦し、さらには石山本願寺とも和
睦しました。

石山本願寺と和睦することで、あの上杉謙信が、ついに反信長に回った

のです。

　上杉謙信が加わることで、

「毛利・上杉・本願寺 VS 信長」

という新たな信長包囲網が構築されていったのです。

［6月］

　それだけではありません。

　上杉謙信は、甲斐の武田勝頼、相模の北条氏政との和睦にも応じたのです。これには毛利輝元の口添えがあったといわれています。

　さらには鞆の浦にいた前将軍足利義昭も動き出します。

　足利義昭は、

　──毛利氏を中心に新たな信長包囲網をつくろう。

と考えます。もちろんその先には、

「信長滅亡後、京都に戻って再び将軍に返り咲こう」

という足利義昭自身の野望もありました。

　この動きには、毛利・上杉・武田・北条に、薩摩の島津氏や伊予の河野氏なども加わります。まさに日本国中を巻き込む「信長包囲網」が形成されていったのです。

［7月］

　7月13日、織田の軍勢に包囲されていた本願寺に対して、海からの援軍がやってきます。

　毛利水軍です。

　安芸の戦国大名・毛利輝元率いる水軍部隊が到着するのです。

　石山本願寺は、水路のように張りめぐらされた川に囲まれた場所にありました。そこで、水軍の登場となったわけです。

　毛利水軍は、石山本願寺に食糧や武器などを補給するため、大量の荷を積んでやってきました。

　もちろん、信長側にも水軍が控えていました。

毛利水軍と織田水軍が、大阪湾の木津川口で激突するのです。

　毛利水軍は、小早川水軍、村上水軍を率いて現れます。その数およそ900隻。対する織田の水軍はわずか300隻。

　しかも、毛利の支配する安芸国は、瀬戸内海に面しており、水軍が闊歩する地域で、海戦はお手のもの。

　それだけではありません。

　毛利水軍は、木津川口に来る途中、本願寺勢力の強い和泉の貝塚（大阪府貝塚市）に立ち寄り、紀伊の雑賀衆と合流していたのです。

　雑賀衆といえば、一度は、信長の側についたものの、信長が本願寺と対立したのをきっかけに信長から離れていった、あの鉄砲衆勢力です。

　つまりは火薬のプロ。

　雑賀衆は、焙烙玉と呼ばれる手榴弾のようなものを使って、織田水軍に攻撃を加えます。

　焙烙玉を受けた織田水軍、壊滅的な打撃を被ります。

　そして織田水軍を横目に、毛利水軍は、ゆうゆうと石山本願寺に大量の物資や武器を運び込むことに成功するのです。

［8月］

　信長包囲網を形成した毛利輝元、

　――信長と対抗する大義名分が欲しい。

　と考え、鞆の浦に囲っている前将軍足利義昭に目をつけます。

　「将軍足利義昭公の命令で、義昭公を入洛させる。そのためには、義昭公を追放した信長を倒さねばならない！」

　毛利輝元は、このような大義名分を掲げ、反信長を声高に叫びはじめるのです。

　越後の上杉謙信は、これにすぐさま呼応します。

　甲斐の武田勝頼は、前年の長篠の戦いで壊滅的な打撃を受けていたため、これに応えるだけの余力がありませんでした。

　しかし、ここに関東の覇者である北条氏政が、毛利輝元の呼びかけに応

じるのです。

　信長包囲網は、北条氏をも巻き込んだ大規模なものへと発展していきます。

［11月］

　11月28日には、信長は嫡男の織田信忠に、織田家の家督を譲ります。しかし、これは信長の隠居を意味するものではありませんでした。織田家を嫡男に譲った信長の次なる野望は、ズバリ、

　「織田家のトップから日本のトップになること」

❖1577（天正5）年　【信長44歳、輝元25歳】

　前年の木津川口の戦いで毛利水軍にやられた信長。

　――信長包囲網を打ち破るには、本願寺を降伏させなければならない。

　　　その本願寺を降伏させるためには、まずは雑賀衆を倒す必要がある。

　信長は紀伊に向けて動き出します。

［2月］

　2月2日、同じ紀伊の根来衆と呼ばれる鉄砲衆と一部の雑賀衆を味方につけた信長は、雑賀衆を討伐するため、大軍を率いて出陣します。その数、なんと10万。

　しかし、ここでも毛利水軍が攻め込みます。

　それだけではありません。

　時を同じくして上杉氏が能登国への侵攻をはじめたのです。

　信長としては、紀州攻めどころではない状況となってしまいます。

［3月］

　3月、信長は、雑賀衆ととりあえず和睦し、紀伊から撤退することを余儀なくされます。

　「次の敵は、毛利と上杉か！」

中国地方の覇者である安芸の毛利輝元と、あの武田信玄と互角に戦った越後の上杉謙信。

信長の天下布武の前に、またしても大きすぎる新たな壁が、しかも同時に二つも立ちはだかったのでした。

[閏7月]

能登に侵攻した上杉謙信は、七尾城(石川県七尾市)を包囲します。信長は、柴田勝家を大将とし、前田利家、佐々成政、滝川一益、丹羽長秀、羽柴秀吉といった錚々たる陣営でこれを迎え撃ちます。

しかし、ここであの老獪な松永久秀が動き出すのです。

[8月]

8月、松永久秀がまたもや反旗を翻します。

——毛利と上杉が戦いに加わった。信長は上杉征伐にかかりきりになっている。しかも信長は雑賀衆をつぶすことができず求心力を弱めている。今こそ反旗を翻すとき!

しかし、ここで松永久秀の誤算が。

上杉謙信があまりにも強すぎたのです。

上杉謙信は七尾城を、あっさりと陥落させてしまいました。

七尾城での戦いが終わった信長は、図らずも松永久秀の討伐へ兵を傾けられるようになったのです。

[10月]

10月には松永久秀の居城である信貴山城は攻められます。とうとう松永久秀は自害することとなります。享年68。下剋上につぐ下剋上、謀反につぐ謀反で生き抜いた武将でした。

しかし、信長は息つく暇もありません。

「次なる敵は毛利と謙信!」

信長は次の戦いを強いられるのでした。

❖1578（天正6）年 【信長45歳、輝元26歳】

信長包囲網に対して、信長は、

　　対　上杉謙信：柴田勝家、前田利家、佐々成政

　　対　武田勝頼：滝川一益、織田信忠

　　対　毛利輝元：羽柴秀吉

を配し、それぞれの打破を図ります。

［1月］

毛利輝元は、上月城（兵庫県佐用郡）に大軍を送り込みます。
播磨への侵攻と上洛、この二つの目的を見据えての行動です。

［2月］

ここで突然、播磨国三木城で別所長治が信長に謀反を起こします。なぜ別所長治は謀反を起こしたのでしょうか。

それは中国地方の総司令官が羽柴秀吉だったからです。羽柴秀吉といえば、まったくの成り上がり者。羽柴秀吉に従うことは、別所長治のプライドが許しませんでした。

別所長治は、前年に信長に謀反を起こした波多野秀治とともに信長に逆らいはじめたのです。

周囲の土豪たちも、別所長治に同調します。その結果、東播磨一帯が「反織田」に染まっていきました。

しかし、このような中、3月13日、上杉謙信が静かに息を引き取ります。享年49。

このことが「信長包囲網」に大きな影響を及ぼしていくのです。

［7月］

7月5日、毛利軍は、ついに上月城を攻め落とします。この頃から巷では、「毛利輝元は、まもなく陸海両方を制圧し、足利義昭を奉じて上洛する

だろう。そして織田氏を滅ぼし、天下の覇者となるだろう」
という風説が乱れ飛びます。まさしく、毛利に分があるといった状況。

[10月]

しかも、この状況を見た信長の重臣である荒木村重までもが、有岡城に
籠もって信長に反旗を翻すのです。

播磨を中心に信長包囲網が暴れ狂うわけです。

このとき羽柴秀吉から、荒木村重との仲裁役に命じられたのが、あの黒
田官兵衛です。黒田官兵衛は荒木村重とは懇意の間柄。

しかし荒木村重は、この黒田官兵衛までも裏切ってしまいます。訪れた
黒田官兵衛を、そのまま地下の牢に入れてしまうのです。

いつまで経っても戻ってこない黒田官兵衛に、信長は、

「黒田官兵衛まで、荒木村重の味方についたのか！」

と苛立ちます。信長は、黒田官兵衛の息子松寿丸を人質として預かって
いました。信長は、家臣の竹中半兵衛に、

「松寿丸を殺せ」

と命じます。

しかし、竹中半兵衛は機転を利かせて、松寿丸を殺しませんでした。そ
して信長にはウソの報告をするのです。

1年後に、有岡城が落城したとき、黒田官兵衛も救出され、信長の疑念
は晴れるわけですが、もし、あそこで松寿丸が殺されていたとしたら、黒
田官兵衛がそのまま信長、そして秀吉に従っていたかどうかわかりません。

このとき命を救われた松寿丸こそ、のちの黒田長政です。関ヶ原の戦い
で大活躍を果たし、筑前52万石の大大名にまでなっていく人物です。

播磨を中心に信長包囲網が暴れ狂っていたわけですが、信長は実に冷静
でした。一つひとつ着実に片づけていきます。

最初の矛先は、越後の上杉氏でした。

しかし上杉謙信は、3月13日に急死していました。

あの強すぎる上杉謙信は、もうこの世にはいなかったのです。

　上杉謙信には子どもがいませんでした。しかも、上杉謙信は自らの跡継ぎを決めていなかったのです。そのため、養子の上杉景勝と上杉景虎が後継者争いをはじめてしまいます。この争いは御館の乱と呼ばれ、争いは長期化します。

　「謙信が亡くなった今こそチャンス！」

　信長は越中への侵攻に乗り出します。

　10月4日、上杉氏が家督争いをしている隙を狙って、織田の軍勢は越中の月岡野（富山市）を攻めます。

　戦いは織田軍の圧倒的勝利に終わり、越中一帯が信長の勢力下に置かれることとなります。

　上杉をひとまず押さえつけた信長の次の矛先はズバリ、

　「毛利水軍」でした。

景勝　VS　景虎　　謙信

今がチャンスだ

信長

信長の天下布武〈後編〉

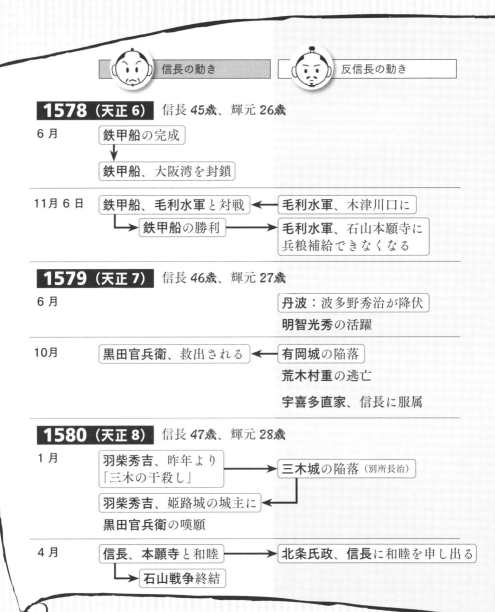

| | 信長の動き | | 反信長の動き |

1578（天正6）　信長45歳、輝元26歳

6月　鉄甲船の完成
　　　↓
　　　鉄甲船、大阪湾を封鎖

11月6日　鉄甲船、毛利水軍と対戦 ← 毛利水軍、木津川口に
　　　　　↳ 鉄甲船の勝利 → 毛利水軍、石山本願寺に兵粮補給できなくなる

1579（天正7）　信長46歳、輝元27歳

6月　丹波：波多野秀治が降伏
　　　明智光秀の活躍

10月　黒田官兵衛、救出される ← 有岡城の陥落
　　　荒木村重の逃亡

　　　宇喜多直家、信長に服属

1580（天正8）　信長47歳、輝元28歳

1月　羽柴秀吉、昨年より「三木の干殺し」 → 三木城の陥落（別所長治）

　　　羽柴秀吉、姫路城の城主に ←
　　　黒田官兵衛の嘆願

4月　信長、本願寺と和睦 → 北条氏政、信長に和睦を申し出る
　　　↳ 石山戦争終結

 信長の動き　　　　 反信長の動き

1581 (天正9) 信長 48歳、輝元 29歳

信長、播磨国を勢力下に

信長、但馬国を勢力下に

信長、高野山攻め　◀━━━ 高野山、足利義昭と通じる

1582 (天正10) 信長 49歳、輝元 30歳

2月1日　木曾義昌、信長に寝返る

2日　　　　　　　　　　武田勝頼、
　　　　　　　　　　　　木曾義昌の一族を処刑

3日　信長、武田氏追討を命じる

　　　┗━ 織田信忠が出陣

14日　　　　　　　　　　浅間山の噴火

　　　　　　　　　　　　武田軍、次々と信長に降伏

3月3日　小山田信茂、信長に寝返る　◀━ 武田勝頼、岩殿城へ
　　　　　　　　　　　　　小山田信茂の提言

11日　　　　　　　　　　武田勝頼、天目山で自害

残るは毛利氏と長宗我部氏のみ！

[11月]

　上杉謙信が亡くなった今となっては、信長が恐れる武将は毛利輝元ただ一人。

　──なんとしてでも毛利水軍に勝利せねば、石山本願寺は落ちない。

　そう考えていた信長。一昨年の7月、木津川口で毛利水軍に敗れたことをきっかけに、伊勢の豪族で水軍の長であった九鬼嘉隆に大船の建造を命じていたのです。

　その船が6月に完成します。

　その名も「鉄甲船」。

　九鬼嘉隆の建造した6隻の鉄甲船と、滝川一益の建造した1隻の鉄甲船は、伊勢を出航し、大阪湾に到着すると、大阪湾を封鎖します。

　大阪湾に到着した鉄甲船を信長も観覧します。鉄甲船を見た信長、まだ戦う前なのに九鬼嘉隆と滝川一益になんと褒美を与えたのです。それほど信長は、この鉄甲船に「確信」を持ったのでしょう。

　11月6日、毛利水軍が木津川口に再び姿を現します。その数600隻。

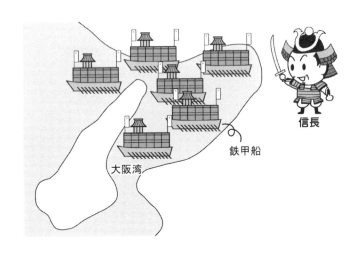

信長

鉄甲船

大阪湾

船には石山本願寺に送る大量の食糧と武器弾薬。

この毛利水軍の前に、7隻の鉄甲船が立ちはだかります。

戦闘は午前8時頃からはじまりました。

6隻の鉄甲船は、まず敵をギリギリまで引きつけます。

そして敵の船が近づいてきたことを見計らうと、大将が乗っているであろう船を目がけて大砲で集中砲火を浴びせました。

恐れをなした毛利水軍。鉄甲船に近づくことができません。

毛利水軍は、慌てて撤退。

戦いは、なんと午前中には終結してしまったのです。

この鉄甲船の登場で、大阪湾は信長によって完全に封鎖されることとなります。これは、毛利水軍が石山本願寺に兵糧を補給することができなくなることを意味します。しかも、これにより荒木村重の立て籠もる有岡城も兵糧を断たれることとなったのです。

信長は、一気に優勢に立ちました。

「鉄甲船という圧倒的な武器により、圧倒的に勝利する」

まさしく信長の勝利の方程式に沿った戦いだったのです。

❖ 1579（天正7）年 【信長46歳、輝元27歳】

毛利水軍を破った信長は、一気に巻き返しを図ります。

［6月］

丹波で信長に逆らっていた波多野秀治が降伏します。これは、あの明智光秀の活躍によるものでした。

［9月］

有岡城に立て籠もっていた荒木村重が、妻子を置き去りにして逃亡し、有岡城はあっさり陥落してしまいます。

このとき、黒田官兵衛が救出されるのですが、1年にわたる牢獄生活の

ため、頭に瘡を患い、足も不自由になっていました。黒田官兵衛の肖像画が、頭に頭巾を巻き、あぐらをかいていないものが多いのは、これが理由というわけです。

黒田官兵衛は、牢獄で「息子の松寿丸は、信長に殺された」と聞かされていました。しかし、実際は竹中半兵衛の機転により命を救われていました。黒田官兵衛は、

「竹中半兵衛に礼を言いたい」

と望みましたが、このとき竹中半兵衛はすでに病で帰らぬ人となっていました。

その後も、備前の有力大名であった宇喜多直家が信長に服属するなど、情勢は「信長有利」に一気に傾いていきます。

❖ 1580（天正8）年 【信長 47 歳、輝元 28 歳】

［1月］

別所長治の三木城が陥落します。敗因は羽柴秀吉の「三木の干殺し」。

羽柴秀吉は、徹底した兵糧攻めをおこなったのです。あまりにも徹底した兵糧攻めのため、別所長治もなすすべがなかったといわれています。

このとき羽柴秀吉は、黒田官兵衛より、

「姫路城の城主になってもらいたい」

と懇願され、姫路城の城主となります。

［閏3月］

正親町天皇の勅命により、本願寺が信長と和睦します。

毛利水軍からの食糧補給の道を断たれた石山本願寺も、ついに信長に降伏したというわけです。

1570（元亀元）年から 10 年間も続いていた石山戦争の終結です。

本願寺は、石山本願寺から撤退し、その場所は空き地となります。その空き地に、1583（天正11）年より、信長の後継者となった羽柴秀吉が大坂城を築城するわけです。

本願寺と信長の和睦に前後して、武田氏と同盟を組んで信長に対抗していた相模の北条氏政が、信長に和睦を申し出ていました。この経緯について少しお話ししましょう。

　1578（天正6）年に上杉謙信が亡くなったあと、上杉家では上杉景勝と上杉景虎のあいだで家督争いがおこなわれていました。この家督争いで、北条氏政は上杉景虎を支持していました。

　——同盟関係にある武田勝頼も、私同様、上杉景虎を支持するであろう。

　しかし、武田勝頼は自らの妹を上杉景勝のもとに嫁がせて、上杉景勝のほうと同盟を結んでしまったのです。

　翌年、武田勝頼と同盟を結んだ上杉景勝は戦いに勝利し、敗れた上杉景虎は自害します。

　上杉家の当主が、北条氏と遠い人間になってしまったわけです。北条氏は上杉氏から離れていきます。

　北条氏政は、同盟関係を無視した武田勝頼に怒ります。その結果、武田氏と北条氏の同盟は破棄されます。

　同盟を破棄した北条氏政はすぐさま三河の徳川家康と同盟を結びました。

「石山本願寺が信長と和睦するらしい」

　北条氏政はこれを聞いて、

「これからは信長の時代だ」

と認め、信長との和睦を申し出たのです。

　北条氏政と和睦をした信長。これで関東で信長に敵対する勢力は、ほぼ上杉景勝と武田勝頼だけとなったのでした。

　信長の勢いはとどまることを知りません。

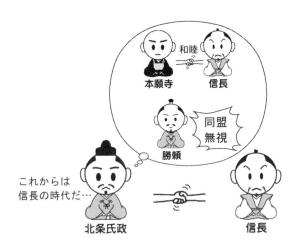

これからは
信長の時代だ…

本願寺　和睦　信長

同盟
無視

勝頼

北条氏政　　　　信長

❖ 1581（天正 9）年　【信長 48 歳】

　1581（天正 9）年に入ると、播磨国、但馬国を勢力下に収めていきます。

　さらにこの年には、足利義昭と通じていた高野山と敵対します。信長は高野山を包囲した上で攻め立て、信長に反発した僧侶や門徒を殺害します。

❖ 1582（天正 10）年　【信長 49 歳】

［2 月］

　2 月 1 日、武田信玄の娘婿であった木曾義昌が、武田勝頼を裏切り、信長に寝返りました。この頃、武田勝頼は武田氏再建を図って、甲府から新府城（山梨県韮崎市）に拠点を移そうと考えていました。しかし新規築城にはお金がかかります。その負担は家臣にのしかかるのですが、その負担に反発しての寝返りでした。

　2 月 2 日、木曾義昌の寝返りに怒った武田勝頼は、人質として預けられていた木曾義昌の 70 歳の母と、13 歳の嫡男と 17 歳の長女、そして若い側室までをも新府城で磔の刑に処します。

　「武田勝頼が、木曾義昌の一族を討った」

　これを聞いた信長は「もう武田氏の内部はボロボロである」と判断。武

田勝頼の討伐を決断します。

　2月3日、信長は、

　「武田氏を一斉に攻めろ！」

と各地の大名に命じました。

　駿河からは徳川氏、相模からは北条氏が、一斉に武田の領土に向かって攻め上ります。

　もちろん、織田の軍勢も出陣します。

　しかし、ここで信長自身は出陣しません。

　出陣したのは、信長の嫡子である織田信忠。

　6年前に織田家の家督を譲った人物ですが、信長は、来るべき天下統一の後継者として、信忠に実戦を積ませたかったのかもしれません。

　2月11日、浅間山が噴火します。

　浅間山の噴火が信長に攻められていた武田氏に動揺を与えます。

　当時、浅間山が噴火することは、関東で異変が起こる前触れとされていました。

　「織田軍の武田攻めこそ、まさに異変の前触れ」

武田側の武士たちは恐れたのです。

　織田信忠の軍勢の猛攻に加えて、浅間山の噴火も重なり、武田軍の規律は乱れ、武田軍の武将たちは次々と織田軍に降伏していきました。

［3月］

　織田信忠のあまりの猛攻に太刀打ちできなくなった武田勝頼。3月2日、窮地に立たされた武田勝頼に、武田家の家老・小山田信茂が提案します。

　「ここはいっそのこと新府城を捨てて、私の岩殿城で態勢を立て直しましょう」

　小山田信茂といえば、長篠の戦いでも最前線で戦い抜いた重臣中の重臣。武田勝頼は、小山田信茂の提案を受け入れ、まだ完成していない新府城に火を放ち、岩殿城へと逃亡します。

　しかし、これはワナだったのです。

このとき小山田信茂は、すでに織田側に寝返っていました。小山田信茂は、武田勝頼を岩殿城におびき寄せ、そのまま武田勝頼を織田方に引き渡そうと考えていたのです。

　行き場を失った武田勝頼は、小山田信茂のもとから逃げ出し、自らの菩提寺であった天目山の棲雲寺を目指します。

　しかし3月11日、天目山に差し掛かった武田勝頼は、追っ手に捕らえられてしまいます。観念した武田勝頼は、嫡男の武田信勝や正室とともに自害して果てます。武田勝頼、享年37。

　ここに甲斐武田氏は滅亡したのです。

　宿願の武田氏滅亡、しかもその最大の功績者は、自らの嫡男である織田信忠。

　信長にとってこんなに嬉しいことはありません。信長は、このとき、

　――わしの天下統一の後継者は信忠だ！

と心に決めたといわれています。

　北条氏も、信長と和睦していたため、武田氏の滅亡によって関東で信長に対抗する勢力は越後の上杉景勝だけとなりました。

　伊達氏、最上氏、蘆名氏といった東北の大名は、すでに信長に従う姿勢を見せていました。九州は、島津氏、大友氏など主だった大名は、信長がキリスト教や南蛮貿易に対して寛容な姿勢であったこともあり、信長と友好な関係を構築していました。

「残るは、毛利と長宗我部のみ！」

　信長は、中国、四国地方に矛先を向けます。中国攻めには羽柴秀吉、四国の長宗我部元親攻略には三男の織田信孝を送り込み、万全の態勢を整えます。

　天下統一もいよいよ最終段階というわけです。

　このとき、わずか2ヶ月後に信長が本能寺で命を散らすことになるとは、一体誰が想像できたでしょうか。

本幕に登場するおもな地域

美濃

丹後
丹波

本能寺の変

讃岐
阿波
土佐
伊予

最終 _幕

本能寺に死す

光秀の野望

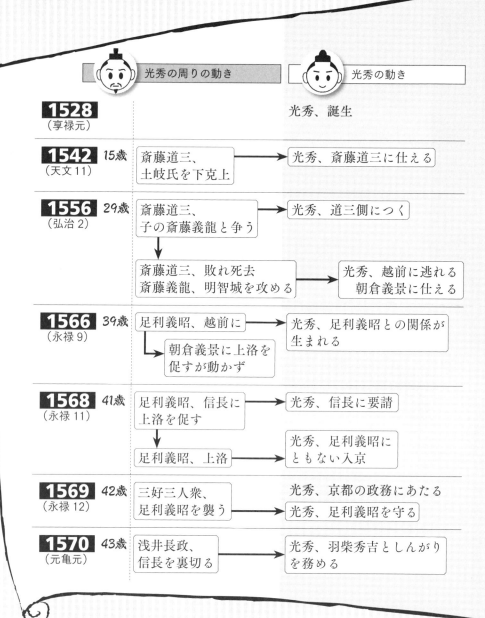

	光秀の周りの動き	光秀の動き

1528
（享禄元）　　　　　　　　　　光秀、誕生

1542 15歳　斎藤道三、　　　　　→ 光秀、斎藤道三に仕える
（天文11）　　土岐氏を下克上

1556 29歳　斎藤道三、　　　　　→ 光秀、道三側につく
（弘治2）　　子の斎藤義龍と争う

　　　　　斎藤道三、敗れ死去　　　→ 光秀、越前に逃れる
　　　　　斎藤義龍、明智城を攻める　　朝倉義景に仕える

1566 39歳　足利義昭、越前に　　→ 光秀、足利義昭との関係が
（永禄9）　　　　　　　　　　　　生まれる
　　　　　　朝倉義景に上洛を
　　　　　　促すが動かず

1568 41歳　足利義昭、信長に　　→ 光秀、信長に要請
（永禄11）　　上洛を促す

　　　　　足利義昭、上洛　　　　→ 光秀、足利義昭に
　　　　　　　　　　　　　　　　ともない入京

1569 42歳　三好三人衆、　　　　　光秀、京都の政務にあたる
（永禄12）　　足利義昭を襲う　　→ 光秀、足利義昭を守る

1570 43歳　浅井長政、　　　　　→ 光秀、羽柴秀吉としんがり
（元亀元）　　信長を裏切る　　　　を務める

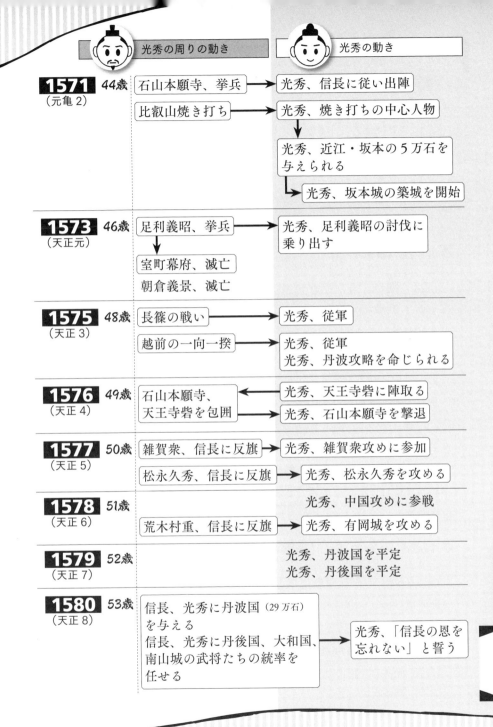

	光秀の周りの動き	光秀の動き
1571 （元亀2）44歳	石山本願寺、挙兵 →	光秀、信長に従い出陣
	比叡山焼き打ち →	光秀、焼き打ちの中心人物
		光秀、近江・坂本の5万石を与えられる
		└→ 光秀、坂本城の築城を開始
1573 （天正元）46歳	足利義昭、挙兵 →	光秀、足利義昭の討伐に乗り出す
	↓ 室町幕府、滅亡 朝倉義景、滅亡	
1575 （天正3）48歳	長篠の戦い →	光秀、従軍
	越前の一向一揆 →	光秀、従軍 光秀、丹波攻略を命じられる
1576 （天正4）49歳	石山本願寺、 天王寺砦を包囲 ← →	光秀、天王寺砦に陣取る 光秀、石山本願寺を撃退
1577 （天正5）50歳	雑賀衆、信長に反旗 →	光秀、雑賀衆攻めに参加
	松永久秀、信長に反旗 →	光秀、松永久秀を攻める
1578 （天正6）51歳		光秀、中国攻めに参戦
	荒木村重、信長に反旗 →	光秀、有岡城を攻める
1579 （天正7）52歳		光秀、丹波国を平定 光秀、丹後国を平定
1580 （天正8）53歳	信長、光秀に丹波国（29万石）を与える 信長、光秀に丹後国、大和国、南山城の武将たちの統率を任せる →	光秀、「信長の恩を忘れない」と誓う

本能寺に死す

最終幕

267

さて、いよいよ最終幕に入りました。

天下統一の総仕上げに入った信長ですが、ここで家臣である明智光秀に本能寺で自害に追いやられてしまうのです。

これがあの有名な「本能寺の変」で、この話を知らない人はいないでしょう。

しかし、この明智光秀、どのようにこの戦国の世に登場し、どのようにのし上がっていったのかについては、意外と知られていません。

そこで第1場では、光秀の人生を振り返っていきます。

❖ 1528（享禄元）年

1528（享禄元）年、明智光秀は、明智城（岐阜県可児市）で生まれたとされています。ここで「されています」としましたが、実はこの明智光秀、生まれた年も生まれた場所もはっきりとわかっていないのです。父親についても明智光綱ではないかといわれているといった具合で、はっきりとはわかっていません。

さらには光秀の青年時代についてもほとんどわかっていないのです。ただ、1528（享禄元）年生まれだとしたら、信長の6歳上ということになります。これからは信長の6歳年上ということで話を進めていきます。

この明智氏、美濃の守護土岐氏の支流で、代々土岐氏に仕えていました。1542（天文11）年、斎藤道三が土岐氏を下剋上すると、光秀は、斎藤道三に仕えるようになったといわれています。

❖ 1556（弘治2）年 【光秀29歳、信長23歳】

1556（弘治2）年、斎藤道三と子の斎藤義龍が争います。その際、光秀は斎藤道三側につきます。しかし、斎藤道三は、斎藤義龍に敗れ、首をはねられてしまいました。

光秀の居城である明智城は、斎藤義龍に攻められ、一族は散り散りばらばらに。光秀は、越前に逃れ、朝倉義景のもとに仕えるようになりました。

❖ 1566（永禄9）年 【光秀39歳、信長33歳】

1566（永禄9）年、のちに15代将軍となる足利義昭が、朝倉義景を頼って越前にやってきます。ここで、足利義昭と光秀との関係が生まれるのです。

この頃、足利義昭は、

「上洛して、将軍になりたい」

と望んでいました。足利義昭は、朝倉義景に上洛を促します。

しかし、朝倉義景は、まったく動こうとしません。

❖ 1568（永禄11）年 【光秀41歳、信長35歳】

6月23日、しびれをきらした足利義昭は、朝倉義景に見切りをつけて信長に上洛を促そうとします。このとき足利義昭は光秀に信長との仲介を頼んだのです。

それではなぜ、光秀を通じて要請したのでしょうか。

そこには光秀と信長のある「関係」があったのです。

光秀の叔母は、斎藤道三の奥さんだったといわれています。

斎藤道三の娘が信長の正室である濃姫です。

つまり、濃姫と光秀は従兄妹同士となり、信長とも義理の従兄弟ということになります。そのため光秀を通じて要請したとのことです。

ここで「とのことです」と奥歯に物が挟まったような言い方をしましたが、これも少々疑問が残ります。

先ほどからお話ししているように、光秀という人物、そんなに由緒ある家柄でない可能性が高いのです。そうなると、光秀の叔母が斎藤道三の奥さんであったという点にも疑問が生じてくるわけです。いやはや光秀の人生はなんと不可解なものでしょう。

ここは純粋に、

「この人物なら、信長を説得できるのではないか」

と、足利義昭が、光秀の能力を見抜いて送り込んだのではと考えることに

します。もちろん、光秀と濃姫とのあいだに何らかの血縁関係があったのかもしれません。そういう部分を一つひとつ紐解いていくところにも歴史の面白さがあるといえます。

9月26日、足利義昭は上洛します。もちろん、そこには光秀の姿も。

この頃から光秀は、信長と足利義昭、両方の家臣として活躍するのです。

❖1569（永禄12）年　【光秀42歳、信長36歳】

京に入った光秀は、木下秀吉（のちの豊臣秀吉）、丹羽長秀らとともに、京都の政務にあたります。三好三人衆が本圀寺にいる義昭を襲ったときも、義昭を守る側に回りました。

❖1570（元亀元）年　【光秀43歳、信長37歳】

さらに1570（元亀元）年、信長が浅井長政の裏切りに遭ったとき、羽柴秀吉とともにしんがりを務め、信長を救います。この頃から、光秀の戦のセンスが光り出します。

さらには、石山本願寺が挙兵すると、光秀は、信長に従って出陣します。

❖1571（元亀2）年　【光秀44歳、信長38歳】

9月の比叡山焼き打ちでは、焼き打ちの中心人物として活躍し、近江国の坂本の5万石を与えられます。光秀クラスの家臣で5万石が与えられたというだけでも異例なことですが、坂本といえば、延暦寺の門前町として栄えた重要都市。その坂本の地が与えられたのです。信長がいかに光秀を高く評価していたかをうかがい知ることができます。

光秀は、早速この坂本の地に坂本城の建設をはじめました。

❖1573（元亀4）年　【光秀46歳、信長40歳】

この年、京都で足利義昭が挙兵します。

信長と足利義昭の両方の家臣であった光秀ですが、光秀は、あっさりと足利義昭を見限って、信長の家臣として、義昭の討伐に乗り出します。

義昭

信長

光秀

ペコリ

ペコリ

挙兵だー！

義昭

討伐しろー！

信長

光秀

　光秀に見捨てられたから、というわけではありませんが、義昭は京都か
ら追放され、室町幕府は滅んでしまいます。

　そして同年、昔仕えていた朝倉義景も、信長に滅ぼされました。

　光秀が離れると、今まで仕えていた主君は面白いように次々と滅んでい
くといった次第です。

　まだまだ光秀の快進撃は続きます。

❖1575（天正3）年　【光秀48歳、信長42歳】

　1575（天正3）年には、長篠の戦いと越前の一向一揆の平定に従軍します。
ここで信長は、光秀に、

「丹波を攻めよ」

と命じます。この丹波の地は、攻略するのが非常に難しい土地として有名でした。さすがの光秀も、この後、丹波攻略には苦しむこととなります。

　しかも光秀は、この丹波攻略に、かかりっきりになることができなかったのです。

❖ 1576〜78（天正4〜6）年【光秀49〜51歳、信長43〜45歳】

　光秀は1576（天正4）年には、石山本願寺との戦いに参加し、天王寺砦に陣取ります。しかしまもなく石山本願寺がこの天王寺砦を包囲するのです。光秀の人生最大のピンチ。光秀は信長と連携しながら、石山本願寺の撃退に成功します。

　1577（天正5）年2月には雑賀衆攻めに参加します。10月には謀反を起こした松永久秀を攻め、信貴山城の落城に貢献します。

　1578（天正6）年には、中国攻めをおこなっている羽柴秀吉のもとについて参戦。荒木村重の立て籠もった有岡城を攻めます。

　つまりは、信長がおこなった主な戦にすべて参加し、そのすべてで大活躍をするのです。すごいよ!!　光秀さん。

❖ 1579（天正7）年　【光秀52歳、信長46歳】

　そして1579（天正7）年、光秀はようやくのことで丹波国を平定します。信長が命じてから4年の歳月が経っていました。光秀は、この勢いに乗って、細川藤孝に加勢し、丹波に続いて丹後国も平定してしまいます。

❖ 1580（天正8）年　【光秀53歳、信長47歳】

　——光秀は、あの丹波を平定した。しかも隣の丹後まで！

　信長は、光秀の働きに感心します。

能力がある者に対してはとことん気前の良い信長。

　信長は、光秀に丹波国を丸ごと与えてしまいます。丹波国は29万石、近江坂本は5万石でしたから、合わせて34万石の大大名に出世していき

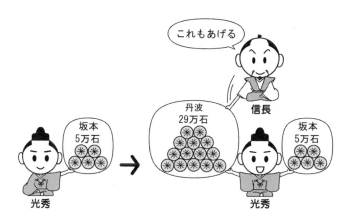

ました。

　それだけではありません。信長は、光秀に丹後国、大和国、さらには南山城の武将たちの統率も任せるのです。つまりは京都周辺にある要地のほとんどを光秀に任せたのです。

　信長が、どれだけ光秀のことを買っていたかをうかがい知ることができるでしょう。

　光秀は、

「子孫末代まで、信長の恩を忘れてはならない」

と考えるようになるのですが、この2年後に本能寺の変は起こってしまうのです。

本能寺の変

 信長を中心とした動き　　 光秀の動き

1575 48歳
（天正 3）

| 長宗我部元親、信長に近づく → | 光秀、仲介役に |

長宗我部元親、土佐を平定

長宗我部元親、讃岐・阿波・伊予へ侵攻
三好長慶（阿波）、信長に降伏

1580 53歳
（天正 8）

長宗我部元親、讃岐・阿波を
ほぼ制圧
信長、長宗我部元親を警戒し
はじめる

1582（天正 10）　光秀 55歳、信長 49歳

2 月

信長、長宗我部元親に
領土返還を要求　→　光秀、仲介役を
務めるも難航

信長、武田氏の討伐を
命じる　→　光秀、身辺警護を
命じられただけ

5 月

信長、長宗我部元親との
交渉を打ち切る　　光秀、長宗我部元親との
交渉に失敗

信長、織田信孝に四国平定を命じる

14日

信長、光秀に家康の饗応役を
命じる　→　光秀、家康の饗応役
となる

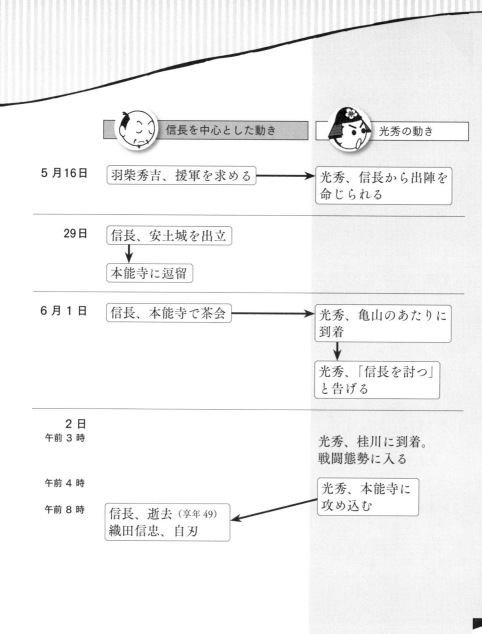

	信長を中心とした動き		光秀の動き
5月16日	羽柴秀吉、援軍を求める	→	光秀、信長から出陣を命じられる
29日	信長、安土城を出立 ↓ 本能寺に逗留		
6月1日	信長、本能寺で茶会	→	光秀、亀山のあたりに到着 ↓ 光秀、「信長を討つ」と告げる
2日 午前3時			光秀、桂川に到着。戦闘態勢に入る
午前4時			光秀、本能寺に攻め込む
午前8時	信長、逝去（享年49） 織田信忠、自刃	←	

本能寺に死す

最終幕

さて、第1場では「光秀がいかにして信長のもとで頭角を現してきたか」にスポットを当ててきました。最終場では、この光秀がいかにして本能寺の変で信長を討つに至ったかを見ていきましょう。

　と言ったものの、実は、光秀が信長を討った理由については、日本の歴史上、最大のミステリーの一つとなっていて、真相はわかっていないのです。

　現在、まことしやかに囁かれている、光秀が信長を殺そうと思った理由についても、そのエピソードのほとんどは、江戸時代以降語られるようになったものばかりで、おそらくは講談物や浄瑠璃、歌舞伎などで、「光秀を際立たせるため」に創作されたエピソードであるといえます。

　本能寺の変の謎を探るためには、本能寺の変が起こる前に光秀がどういう立場にあったのかについて、歴史を丹念に検証することが重要であると考えます。

　そこで、時計の針を1575（天正3）年まで戻していきます。

❖ 1575（天正3）年　【光秀48歳、信長42歳】

　土佐の統一を目指していた長宗我部元親は、飛ぶ鳥を落とす勢いの信長に近づきます。

　長宗我部元親は、信長に砂糖を献上して、信長に土佐の戦国大名としての地位を認められます。

　「なんて信長は甘党なんだ」

と思われるかもしれませんが、当時の砂糖は貴重品。砂糖の原料であるさとうきびは南国でしか採れないため、砂糖というのは、献上品の中でも最高級のものだったのです。長宗我部元親は、

　「バックに信長がいる」

ということをちらつかせることで、讃岐と阿波の三好氏や、伊予の河野氏が土佐に侵攻しないように牽制しようと考えたのです。

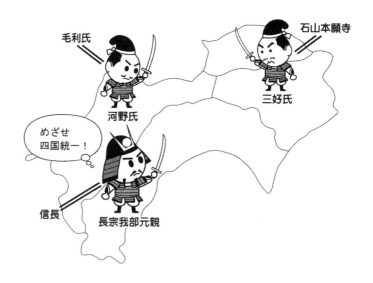

　讃岐と阿波を支配していた三好氏といえば、河内を拠点とした大名。石山本願寺と組んでおり、もちろん信長とは敵対関係。一方、伊予の河野氏も、信長が危険視していた毛利氏とつながっていました。信長にとっても、土佐の長宗我部氏と手を組むことは、三好氏と河野氏に「背後の脅威」を植え付ける意味で重要だったのです。

　このとき、信長と長宗我部元親の仲介役となったのが、明智光秀だったといわれています。

　1575（天正3）年といえば、光秀は、長篠の戦いや越前の一向一揆平定に従軍し、一方では丹波攻めを命じられたときです。つまり光秀も、信長のもとで破竹の勢いで出世街道を上り詰めていたときでした。

［7月］

　長宗我部元親がとうとう土佐国（高知県）を平定します。このとき37歳。

　信長の後ろ盾を得ていた長宗我部元親は、

　「次は四国統一！」

と意気込んで、讃岐、阿波、伊予へと侵攻していきます。

［10月］

　一方、讃岐と阿波を支配していた三好氏の力は、この頃急速に衰退していました。

　4月には、阿波岩倉城主（徳島県美馬市）三好康長が、信長に降伏していました。三好康長は、名器との誉れ高い「三日月」の葉茶壺を信長に献上します。これには「信長の力で、長宗我部の侵攻を食い止めてもらいたい」という三好康長の思惑もありました。

　信長は、「三日月」の葉茶壺に大喜び。一転して、三好康長を重臣として取り立てました。

　しかし、長宗我部元親の侵攻は止まりませんでした。

❖1580（天正8）年　【光秀53歳、信長47歳】

　一方、長宗我部元親の伊予攻めは苦戦します。伊予の河野氏が、毛利氏と手を組んで抗戦したためです。

　讃岐と阿波を支配していた三好氏は、石山本願寺が信長と和睦したこともあり風前の灯火。

　1580（天正8）年には、長宗我部元親は、三好康長の領土を奪ってしまうのです。これで讃岐・阿波をほぼ制圧してしまいます。

　領土を奪われた三好康長、もちろん黙ってはいません。しかし、長宗我部元親と真っ向から勝負しても、とてもではないですが勝てません。そこで三好康長は、羽柴秀吉に接近して、長宗我部元親に奪われた所領を取り戻してほしいと働きかけるのです。信長も、

　「長宗我部元親の勢力が、あまりにも大きくなりすぎることは好ましくない」と考え、長宗我部元親を警戒しはじめます。

　長宗我部元親は、信長の警戒を解こうと、大量の砂糖を献上します。

　やっぱり、このときも砂糖なのです。

❖ 1582（天正 10）年 【光秀 55 歳、信長 49 歳】

［1 月］

　1 月、信長は、仲介役である明智光秀を通して、長宗我部元親にこう命じます。

　「土佐と南阿波以外は、もとの領主に返上せよ」

　長宗我部元親、もちろんこの要求を呑めるわけがありません。だってこの 7 年間の戦いがすべて水の泡になるわけですから。

　長宗我部元親は、この要求を拒否します。

　信長は、光秀に交渉を続けるよう命じます。仲介役を命じられた光秀は、長宗我部元親との交渉を続けていきますが、両者とも一歩も引かず、交渉は難航します。

　このような中、信長は家臣に武田氏の討伐を命じます。

　しかし、光秀は信長の身辺警護を命じられただけで、目立った活躍をすることができませんでした。

［5 月］

　5 月になると、信長は今までの態度を一変させます。

　突然、長宗我部元親との交渉を打ち切り、三男の織田信孝に四国平定を命じたのです。

　「長宗我部元親との交渉に失敗した」

　今まで、信長の要求にすべて応えることで、出世街道をばく進し続けてきた光秀。ここで光秀は、はじめて、その面目をつぶされるのです。

　織田信孝と丹羽長秀らは四国平定、羽柴秀吉らは中国平定と、方々に飛んでいきます。しかし、光秀に出陣の命令は下りません。

　5 月 14 日、信長はやっと光秀に命令を下します。

　しかし、その命令は、出陣の命令ではありませんでした。

　「安土城で徳川家康の饗応役をしろ」

武田氏討伐の労をねぎらうためのもてなしをおこなえということです。し

かし、この饗応の最中に一報が入ります。

　5月17日、備中高松城で毛利氏を攻めていた羽柴秀吉から信長に手紙が届くのです。その内容は、

　「小早川隆景と吉川元春の軍が参戦してきので、応援をお願いします」

というもの。

　「わしが毛利を叩きつぶす！」

　信長は立ち上がります。光秀にも、

　「饗応役をやめて出陣の準備をしろ！」

と命じます。やっとのことでの出陣の命令です。

　5月29日、信長は安土城を出立し、京での定宿にしていた本能寺に逗留します。この本能寺、寺ではあるのですが、周囲から隔絶された場所にあり、しかも2年前の改築工事で、周りに堀と石垣がめぐらされ、まさしく城塞のようになっていました。

　「すぐさま中国出兵か」

と思われましたが、信長はすぐには動きません。

［6月］

6月1日

　信長は、本能寺で盛大な茶会を開きます。前太政大臣の近衛前久や公家の勧修寺晴豊など錚々たるメンバーでの茶会でした。

　このとき、ちょうど京の妙覚寺に逗留していた嫡男の織田信忠も来訪し、夜遅くまで父子で酒を酌み交わしたといわれています。

　光秀が動き出したのは、ちょうどこのときでした。

　光秀は、1万3000余りの兵を率いて、亀山のあたりに到着します。兵を集める際、光秀は、

　「中国出陣の準備がちゃんとできているかどうかを、信長さまがご覧になりたいとおっしゃっている」

と言います。そのため、周囲も何も不審に思うことなく、兵を集めることができたわけです。

光秀は、重臣中の重臣5人のみを呼んで軍議を開きます。その軍議ではじめて光秀は、

　「信長を討つ」

と告げたのです。それを聞いた5人は言葉を失いますが、光秀のあまりにも冷静な態度に誰も異を唱えなかったといわれています。

6月2日

　午前3時頃、桂川に到着した光秀の軍勢は戦闘態勢に入ります。戦闘態勢に入った兵たちは慌てます。

　「我々は、中国出陣のために呼ばれたのではないのか」

しかし、ここで誰かが、

　「いや、これは信長さまの命令で、三河の徳川家康を討ち取るのだよ」

と言ったので納得します。徳川家康はちょうどこの頃、武田討伐の慰労で、関西を遊覧している最中だったからです。徳川家康は、このとき、堺にいましたが、末端の兵士には「堺にいる」という情報は入っていないため、「徳川家康を討つ」という言葉にも、真実味があったのかもしれません。

　午前4時、明智軍は、本能寺を完全に包囲します。早朝から騒がしくなる本能寺に、信長や小姓たちは、

　「どうせ下々の者が喧嘩でもしているのだろう」

と思ったそうです。

　しかし、次の瞬間、戦いを告げる鬨の声。

　それと同時に、本能寺を目がけて無数の銃弾が打ち込まれたのです。

　信長は、至って冷静に、小姓の森蘭丸に向かって、

　「これは、謀反じゃな。蘭丸、様子を見てこい」

と命じます。戻ってきた森蘭丸、

　「おそらく明智の軍勢でございます」

と報告すると、信長は一言、

　「是非に及ばず」

といったといわれています。

　──光秀に攻められたのなら、ここから逃げることは不可能。
と思っての信長の言葉。

　次の瞬間、明智軍が本能寺に攻め込んできます。

　信長は、弓で激しく応戦しますが、手元にあるすべての弓の弦が切れて
しまいます。

　そこで信長、弓を槍に持ちかえて応戦。すると、明智三羽烏の一人であ
る安田国継（天野源右衛門）に槍で右肘を突かれてしまうのです。

　とどめを刺そうとした安田国継に、森蘭丸が行く手を阻みます。

　さらに、信長は十文字槍で安田国継の下腹部を狙います。

　しかし、ここで安田国継、森蘭丸を槍で突き刺し討ち取ったのです。森

蘭丸、享年わずか 18。

　戦う術を失った信長、女性たちに、

　「急いで逃げよ！」

と命じます。すでに本能寺には火が放たれ、火の手は信長の面前まで迫っていました。

　しかし信長は、あえて奥の部屋に籠もり、内側から納戸を閉めて、そこで自害したのです。

　1582（天正 10）年 6 月 2 日午前 8 時、信長逝去。享年 49。

　「信長が自害した！」

これを聞いた光秀は、すぐさま家臣たちに、

　「信長の亡骸を探せ！」

と命じます。しかし、いつまで経っても信長の亡骸は出てきません。

　とうとう本能寺は焼け落ち、信長の亡骸は最後まで出ずじまいとなりました。

　「光秀謀反！」

　この知らせを聞いた信長の嫡男・織田信忠は、すぐさま救援に向かおうとしますが、家臣に止められます。

　織田信忠は、逗留していた妙覚寺から二条城に移ります。

　正午、明智の軍勢が二条城に到着します。その数 1 万余り。対する信忠の軍勢わずか 500。

　織田信忠の軍勢は、鬼気迫る様子で必死に防戦してきました。

　そこで明智軍は、二条城に火を放ったのです。

　織田信忠は観念します。そして家臣の鎌田新介に、

　「今から切腹する。介錯を頼む。そして亡骸は床下に隠せ。明智の軍に見つからないようにしろ！」

と命じて、自害したのです。

　まもなく、二条城は焼け落ちてしまいます。

　しかし、明智軍がいくら探し回っても、信忠の亡骸は出てきませんでし

た。

　「信長の首も、信忠の首も見つからないとは。もしや信長も信忠も、まだ生きているのではないか?」

　この噂が、明智光秀に加勢する者の数をみるみる減らすこととなり、明智光秀を三日天下に終わらせたのではともいわれています。

　この本能寺の変、歴史を丁寧に追っていっても、明智光秀がどうして謀反を起こすに至ったのかについて、納得のできる説明ができません。

　「長宗我部元親との交渉に失敗し、未来がないと思ったから」
という説についても、その後、光秀が中国攻めを命じられていることから、信長に謀反を起こすほどの理由になるとは考えにくいのです。

　また、信長と信忠の亡骸が一切見つかっていないというのも、大きなミステリーです。

　しかし、このミステリーこそ、人々の歴史ロマンをかき立てるのかもしれません。

――信長と後継者である信忠を一気に失った織田氏。
――「天下持ち回り」と言われた戦国の世。

　この後、信長の重臣であった羽柴秀吉を中心に、天下取りの争いは再び混迷を極めていくのでした。

本書執筆の際の参考文献ではありますが、戦国時代を楽しむには、それぞれ非常に面白いものばかりです。興味のある武将などを中心に、これらの書を是非とも紐解いてみてください。

辞典類

国史大辞典編集委員会『国史大辞典』吉川弘文館 1999 年

戦国史事典編集委員会『戦国史事典』秋田書店 1980 年

戦国合戦史研究会『戦国合戦大事典』新人物往来社 1989 年

桑田忠親『新編日本合戦全集 応仁室町編』秋田書店 1990 年

池上裕子、小和田哲男、小林清治、池享、黒川直則『クロニック戦国全史』講談社 1995 年

西ヶ谷恭弘『考証 織田信長事典』東京堂出版 2000 年

朝尾直弘、宇野俊一、田中琢『日本史辞典』角川書店 1996 年

日本史広辞典編集委員会『日本史広辞典』山川出版社 1997 年

永原慶二、石上英一『岩波日本史辞典』岩波書店 1999 年

歴史学研究会『日本史年表 第四版』岩波書店 2001 年

東京学芸大学日本史研究室『日本史年表』東京堂出版 2014 年

史料類

太田牛一、中川太古『現代語訳 信長公記』中経出版 2013 年

小瀬甫庵、石井 恭二『信長記』現代思潮新社 2009 年

ルイス = フロイス、松田毅一、川崎桃太『完訳フロイス日本史』中央公論社 2000 年

高橋隆三、小坂浅吉、斎木一馬『言継卿記』続群書類従完成会 1999 年

腰原哲朗『甲陽軍鑑』教育社 1979 年

織田信長

谷口克広『織田信長合戦全録―桶狭間から本能寺まで』中央公論社 2002 年

近衛龍春『織田信忠「本能寺の変」に散った信長の嫡男』PHP 研究所 2004 年

谷口克広『信長の天下布武への道（戦争の日本史 13）』吉川弘文館 2006 年

谷口克広『信長と家康―清須同盟の実体』学研新書 2012 年

北条氏

小和田哲男『真説戦国北条五代―早雲と一族、百年の興亡』学研 1989 年

下山治久『北条早雲と家臣団』有隣堂 1999 年

家永遵嗣『戦国の魁早雲と北条一族―北条五代百年の興亡の軌跡』新人物往来社 2005 年

黒田基樹『戦国 北条一族』新人物往来社 2005 年

相川司『戦国・北条一族』新紀元社 2009 年

今川氏

小和田哲男『駿河今川一族』新人物往来社 1983 年

小和田哲男『今川義元のすべて』新人物往来社 1994 年

小和田哲男『戦史ドキュメント 桶狭間の戦い』学研 2000 年

小和田哲男『今川義元 自分の力量を以て国の法度を申付く』ミネルヴァ書房 2004 年

有光友學 『今川義元』吉川弘文館 2008 年

橋場日月『新説桶狭間合戦―知られざる織田・今川七〇年戦争の実相』学研新書 2008 年

徳川氏

中村孝也『徳川家康公伝』東照宮社務所 1965 年

平野明夫『三河松平一族』新人物往来社 2002 年

本多隆成『定本 徳川家康』吉川弘文館 2010 年

谷口克広『信長と家康―清須同盟の実体』学研新書 2012 年

斎藤氏

木下聡『美濃斎藤氏』岩田書院 2015 年

横山住雄『斎藤道三と義龍・龍興』戎光祥出版 2015 年

三好氏

今谷明『戦国三好一族―天下に号令した戦国大

名』洋泉社 2007 年

天野忠幸『戦国期三好政権の研究』清文堂出版 2010 年

長江正一『三好長慶』吉川弘文館 1968 年

浅井氏・朝倉氏

小和田哲男『近江浅井氏の研究』清文堂出版 1973 年

水藤真『朝倉義景』吉川弘文館 1986 年

松原信之『越前 朝倉一族』新人物往来社 2006 年

宮島敬一『浅井氏三代』吉川弘文館 2008 年

小和田哲男『浅井長政のすべて』新人物往来社 2008 年

石山戦争

武田鏡村『織田信長 石山本願寺合戦全史』ベストセラーズ 2002 年

神田千里『一向一揆と石山合戦』吉川弘文館 2007 年

神田千里『信長と石山合戦―中世の信仰と一揆』吉川弘文館 2008 年

足利氏

桑田忠親『流浪将軍 足利義昭』講談社 1985 年

奥野高広『足利義昭』吉川弘文館 1989 年

武田氏

磯貝正義『定本武田信玄』新人物往来社 1978 年

奥野高広『武田信玄』吉川弘文館 1985 年

小林計一郎『武田軍記』朝日文庫 1988 年

笹本正治、長野県飯田市『川中島合戦再考』新人物往来社 2000 年

三池純正『真説・川中島合戦―封印された戦国最大の白兵戦』洋泉社 2003 年

笹本正治『武田信玄』ミネルヴァ書房 2005 年

柴辻俊六『武田信玄合戦録』角川書店 2006 年

平山優『武田信玄』吉川弘文館 2006 年

鴨川達夫『武田信玄と勝頼』岩波書店 2007 年

柴辻俊六『信玄と謙信』高志書院 2009 年

上杉氏

渡辺慶一『上杉謙信のすべて』新人物往来社 1987 年

花ヶ前盛明『上杉謙信』新人物往来社 1991 年

花ヶ前盛明『上杉謙信大事典』新人物往来社 1997 年

池享・矢田俊文『定本上杉謙信』高志書院 2000 年

相川司『上杉謙信―信長も畏怖した戦国最強の義将』新紀元社 2007 年

毛利氏

三卿伝記編纂所『毛利輝元卿伝』マツノ書店 1982 年

河合正治編『毛利元就のすべて』新人物往来社 1986 年

三卿伝記編纂所、渡辺世祐『毛利元就卿伝』マツノ書店 1997 年

金谷俊則『毛利隆元』中央公論事業出版 2008 年

明智氏

桑田忠親『明智光秀』講談社 1983 年

高柳光寿『新装版明智光秀』吉川弘文館 1986 年

小和田哲男『明智光秀―つくられた「謀反人」』PHP 研究所 1998 年

永井寛『明智光秀』三一書房 1999 年

藤田達生『謎とき本能寺の変』講談社 2003 年

谷口克広『検証 本能寺の変』吉川弘文館 2007 年

藤本正行『本能寺の変―信長の油断・光秀の殺意』洋泉社 2010 年

小和田哲男『明智光秀と本能寺の変』PHP 研究所 2014 年

谷口研語『明智光秀』洋泉社 2014 年

長宗我部氏

山本大『長宗我部元親』吉川弘文館 1987 年

山本大『長宗我部元親のすべて』新人物往来社 1989 年

泉淳『元親記』勉誠出版 1994 年

津野倫明『長宗我部氏の研究』吉川弘文館 2012 年

津野倫明『長宗我部元親と四国』吉川弘文館 2014 年

平井上総『長宗我部元親』戎光祥出版 2014 年

金谷 俊一郎
(かなや　しゅんいちろう)

京都市出身。歴史コメンテーター。東進ハイスクールのカリスマ講師として活躍。テレビ・ラジオ・講演会にも多数出演。「日本」と「歴史」に関する解説は、とてもわかりやすいとの定評がある。著書にベストセラー『金谷の日本史「なぜ」と「流れ」がわかる本』シリーズ（東進ブックス）、『マンガで攻略！はじめての織田信長』（白泉社）、『「米中韓」と日本の歴史』（朝日新聞出版）などがある。

日本史劇場　信長たちの野望
(にほんしげきじょう　のぶなが　やぼう)

2017 年 12 月 25 日	初版発行
2018 年 2 月 9 日	第 2 刷発行

著者	金谷 俊一郎（かなや　しゅんいちろう）
イラスト	いのうえもえ（絵コンテ：古川瑶子）
校閲協力	株式会社聚珍社
DTP・カバーデザイン	川原田 良一（ロビンソン・ファクトリー）
発行者	内田 真介
発行・発売	ベレ出版 〒 162-0832　東京都新宿区岩戸町 12　レベッカビル TEL.03-5225-4790 Fax.03-5225-4795 ホームページ　http://www.beret.co.jp
印刷	三松堂株式会社
製本	根本製本株式会社

落丁本・乱丁本は小社編集部あてにお送りください。送料小社負担にてお取り替えします。

ISBN978-4-86064-517-5 C0021　　　　　　　　編集担当　森 岳人